# 居場所。

大﨑洋

サンマーク出版

## うっちゃる

【意味】放っておく。捨てる。

元々は平安時代の古語「うちやる」が変化した言葉で、「向こうに移動させる」「そのままにして放っておく」の意味。現代では、「放っておく」「捨てる」などの他に、「土壇場で形勢を逆転させる」の意味もある。土俵際まで追い詰められたところから逆転する相撲の決まり手のひとつでもある。

# プロローグ

あれはなんやったんやろうか……。

そう思うことって、ありませんか。

確かに自分がやったことで記憶もはっきりしているのに、どこか他人事(ひとごと)のような、
だからこそあざやかに浮かんでくる出来事。

あの日、僕たちの前にはプールがありました。

僕たちというのは、僕とダウンタウンの松本人志くんです。

## 松本との約束

松本くんは1期生として吉本総合芸能学院（ＮＳＣ）を卒業。デビューしたばかり

で、まだ19歳でした。

こう書くと「若き日の感性バリバリのまっちゃん」的な想像をする人がいるかもしれませんが、それはかなりえこひいきが入った誤解です。

ガラが悪くて、暗そうで、ふてくされて。

すでに浜田雅功くんと組んでいましたが、コンビ名は「松本・浜田」、そう、ちゃんとしたコンビ名じゃない。吉本社内でもどの放送局でも評価されず、まるで仕事がなくてくすぶっていました。まだダウンタウンにすらなっていない、何者でもなかった頃です。

松本くんと僕、そんな情けない男二人が連れ立って、旅をしていました。

たしかあれは岡山の小さなふるーい旅館でした。なんでまた旅をしたのか経緯は忘れてしまいましたが、お笑いのことや未来のこと、くだらないこと、いろんなことをえんえんと話し続けた気がします。

大阪に戻ってきて、「ほな、またな」と普通ならバイバイするところが、どうも話し足りなくて、別れがたく。

ちっちゃい頃や高校や大学の頃、そういうことってありませんでしたか？

さんざんつるんで、たくさん話したのに、まだ一緒にいたいという感覚。暇だったというのもあるけれど、僕らもそんな気持ちがしていました。それでサウナもあるプールに行くことにしたんです。

25メートルのプールを前に、僕はふと、こんなことを言いました。

「松本、こっから向こうまで、息継ぎせんと潜水で行けると思うか？」

「いやー、さすがに無理ちゃいます!?」

松本くんは大きな目を細めて水面を眺めています。ぱっとしない施設なので、そこにいたのは僕ら二人だけでした。

「あんなあ、松本」

「はい」

「もし、できたらなあ」

「はあ？」

「もし、俺が潜水のまま最後まで泳げたらな、おまえがこれから将来ずっとめちゃくちゃ売れても、俺の言うこと、絶対にひとつだけ聞いてくれるか？　なんかいつか、そんな日が来ると思うねん」

いきなりの発言に松本くんが「まあ、そうですね……」と言いかけたその瞬間、僕はもう、ばっちゃーん！　と飛び込んでいました。

音のない水の中。

息を止め、潜水のままで水の中をぐいぐいと進む。プールの底に引いてある、まっすぐな白いラインをずっと見ていました。

あっという間に向こう側のプールの壁に指の先っちょが触れたとたん、僕はざばんと顔を突き出し、叫びました。

「約束やで！」

## 「絶対に、こいつらはおもろい」

1982年。あのプールで潜水した僕は29歳。「関西のお笑いがいよいよ東京進出！」というタイミングで吉本の若手社員として上京しました。80年代の漫才ブームの中、睡眠時間は多くても1日2～3時間、無我夢中で走り回っていた2年半。

少しずつ手応えもあり「さあ、これから」という時に、まるで梯子を外されるように、人事異動。志なかばで僕は東京を離れることになりました。

呼び戻された大阪で、吉本総合芸能学院（NSC）の創設スタッフに加えられたものの、東京からの途中参加というのもあり、上司や後輩には溶け込めず、やる気もない。

ろくな仕事も任されず、もっぱら〝清掃要員〟として、前夜に酔っ払いが汚した劇場シャッターの掃除を朝イチと夜遅くの仕事終わりにしていました。そうそう、「稽古場の雑巾がけ」という重要業務もありましたっけ。髪の毛1本落ちていても許されませんから、これも朝晩のことでした。

松本くんは松本くんで、鬱々としていました。

「絶対に、こいつらはおもろい」

僕は稽古場で松本くんと浜田くんのコンビをひと目見た瞬間から直感しており、だからこそ頼まれてもいないのにマネージャーを買って出ました。会社に断りもなく、勝手にやってたんです。

二人はもちろん、自分たちのお笑いをつよく信じていました——だけど、まったく評価されず、芽が出ない。

劇場やテレビに呼ばれるのは、同期のトミーズやハイヒールだけ。

たまに声がかかっても、「わけわからんネタや」とお客さんはドン引き。

そうなると、居場所がありません。

まあ、居場所がないという点は、ダメ社員だった僕も同じでした。

あの時、息継ぎせずに泳ぎ切った「約束」がどうなったのかって——その話はもう少しあとで書くことにします。

松本くんや浜田くんや僕の共通点、「居場所」の話をしようと思います。

あの頃、ダウンタウンの二人は、「ほんの少し先のほうに光が確実に見えているのに、いくら手を伸ばしても届かない」という状態でした。会社にもお客さんにもおもしろさをわかってもらえず、なんば花月やうめだ花月、京都花月の舞台や楽屋にも居場所がありませんでした。

僕も、会社で居場所がありませんでした。

居場所がない者同士がつるんだところで、よるべのなさ、不信、不安が消えたわけじゃありません。

でも、松本くんは「お笑い」という唯一の武器を手にして、居場所をつくろうとしていた。そして咲かせる花などない平凡な僕は、その花が咲く場所をつくろうとしていました。

そんなこんなで、この本は、居場所についての本です。

## 僕の仕事は一人ひとりの「居場所」をつくること

吉本には昔も今も、あの頃の松本くんのような芸人がたくさんいます。明治から昭和の芸人の多くは、学校や社会からはみ出し、ドロップアウトした人たちでした。どこにも居場所が見つからないけれどお笑いが好きで、「しゃーないから漫才でもしようか」と、唯一の選択肢としてこの道に入った人たちです。彼らは吉本興業の「劇場」に出番を持って、自分の居場所を見つけようと必死でした。昔ながらの演芸場の舞台です。

昭和の中頃に「テレビ」という舞台が登場。何度かのお笑いブームもあり、「NSCでも入ろうか……」という人も増えてきました。

最近では、「自分、どこの世界に行っても大丈夫やろ?」というめちゃくちゃ優秀な芸人も目立っています。さらに、YouTubeやTikTokという新たな舞台ができました。それでも、それぞれの居場所を探しているという点は、変わっていないように思います。

夢中でもがいて、がんばって、ツキにも恵まれて。なんとか居場所を見つけてスポットライトを浴びても、それが永遠じゃないのは想像がつきますよね。

輝き続ける芸人もいれば、スポットライトが当たらなくなり、表舞台から姿を消す芸人もいます。

魂を削っても、ピカリとも光らない。卵のままで孵化せず、羽ばたきもせず、消えていく人たちが大半です。

時代が変わっても状況が変わっても、居場所を見つけた人よりも、見つけられずに困っている人のほうがはるかに多い。

だからこそ、「自分の仕事は芸人の居場所をつくることだ」と腹が決まったのは、松本くんの前でざぶ～んとプールに飛び込んだあの頃だったでしょうか。

これが40年以上、彼らを間近で眺めてきた僕がつよく思ったことであり、ひとつの信念です。

## 著名人や芸人の悲しいニュース

居場所を探すって、芸人だけの話ではありません。

学校で、職場で、家庭で、どこにも心の置き場がない人ってたくさんいると感じています。幼い子供たちや若い人たちはもちろん、50歳を過ぎても、60歳を過ぎても居場所が見つけられない人は結構います。

僕自身、ずっと居場所がなかったし、今も「ここが俺の居場所や!」と信じられるところを、心のすみっこのどこかで探しているような気がします。

「自分にしかできない何かを見つけ出したい、自分の居場所を見つけたい」と、もがく。

「ここなら本当の自分自身になれる。そんな居場所を見つけたい」

これって芸人も学生も若手社員も定年を過ぎた人たちも抱く、同じ願いではないでしょうか。

やっと見つけたはずのあたたかな場所なのに、ふと気づいたら一人残され、居場所でなくなっていたという、せつなく悲しい話も珍しくありません。

もう立派な大人で、いかにも恵まれていそうで、家族や仲間に囲まれて、誰もがうらやむピカピカで、確固たるポジションがあるのに、自ら命を絶ってしまう人もいます。特に新型コロナウイルス禍のもと、著名人や芸人さんの悲しいニュースがたくさん流れてきました。

そう考えると、居場所を探す人というのは、年齢や立場を問わず、心の中に「さみしさ」を抱いたすべての人なのかもしれません。

そんな心がある限り、大人になってもおばさんやおっさんになっても、年老いてじいちゃんばあちゃんになっても、誰もが居場所を探し続けるのでしょう。

**孤独は消えない。でも……**

本書には、「孤独をなくして居場所を見つける」という、たいそうなことは書いていません。いい歳をした今でも、「そやな、さみしさは消えるもんじゃないんやな」としみじみ納得している僕が、そんなことを語れるわけもないんですね。

吉本にはたまたま入社しただけ。いろんな出来事があって会長になりましたが、会社人生の半分はずっと窓際でした。

小さい頃からアホな子で、人とさっと仲良くなるのはうまいのに、深いところでは致命的に人づきあいが下手くそです。

いまだに人の話を最後まで聞かずにすぐに割り込んで、社員たちや息子たちに注意されています。

カッとなったり、迷惑ばかりかけてきた男ですから、うまくいった話ばかりではありません。叩けば埃は出ますし、叩かなくてもボロボロです。

吉本興業会長という僕に、

「会長なら偉いんでしょ」という人。

「ダウンタウンの元マネージャーだよね」という人。

「闇営業問題で芸人を追放した悪いやつ」と憎んでいる人。

「大﨑？　誰やそれ？」となんのイメージもない人。


いろんな方がいると思います。

どれが本当かは、皆さん自由にとらえていただくとして、自己紹介がわりに最初に言っておくと、「○○をしなさい！」なんて偉そうに言えるほどの人間ではないことだけは確かです。

だからこの本では、「○○をしなさい！」のかわりに、「○○しない」を12ほど書いてみました。

・ひとりぼっちを見つめすぎない
・競争しようとしない

・みんなにわかってもらおうとしない

などなど、好きなところ、自分にピンと来るところから、パラパラ眺めていただけたらと考えています。残念ながら、この本を読んでいただいたところで、孤独は完全に消せないし、１００％完璧な居場所を見つけるのも難しい。

「ひとりぼっちの自分とうまくつきあいながら、なんとなく心の棲家(すみか)を見つける」

僕がお伝えできるのは、せいぜいこのくらいでしょう。

でも、そうやって、だましだまし、心をやりくりして生きていくのも案外いいもんで、なんでもない毎日の中にポッとちっちゃな明かりがともるような喜びが見つかります。

「ポジティブで行こう！」とは思えないけれど、「ぼちぼち行こか」という気持ちで、顔を少し上げて朝を迎えられるようになります。

そんなふうにこの本が、孤独を抱えている人、居場所を探している人の役に立てたら最高にうれしい。「そうなりますように」と、願っています。

大﨑 洋

# 居場所。

ひとりぼっちの自分を好きになる12の「しないこと」

目次

# 01

## 置かれた場所で咲こうとしない……028

## 02 孤独を見つめすぎない ……… 060

## 03 競争しようとしない ……… 084

## 04 限界までがんばろうとしない ……108



## 05 白黒はっきりさせようとしない ……134

## 06 友だちをつくろうとしない

# 07 相談しようとしない……174

## 10 みんなにわかってもらおうとしない ……… 232

# 01

## 置かれた場所で咲こうとしない

窓際の一番後ろ。高校時代にクラス替えをしても、そこが僕の定位置でした。

窓がいっぱいあって明るいし、校庭が見えるし、外に開けているし、端っこ好きの僕にとってはクラスで一番の特等席でもあります。

そして吉本興業で会社員になってからも、気がついたら窓際。

次に気がついた時もまた窓際。

社内に閉じこもっているのは性に合わない。外の世界に一番近いから窓際が好きなのは変わらないけれど、この場合の「窓際」が自分に対する会社の評価であることもわかっていました。

いくら嫌いでも、ぼやっとしていると巻き込まれるのが「競争」というもののようで、僕はこれまで流されるまま土俵に立たされては窓際へと飛ばされ、負けに負け続けてきました。


まず、入社した会社の土俵では、同期でビリ。

社員としてもダメダメだし、業界の中でもパッとしない。

「新入社員なら、業界でパッとしなくても当たり前」ではありません。当時の吉本の主力は劇場で、僕が日々出入りしていたのは京都花月。ランクとしてはなんば花月、うめだ花月、京都花月の順でした。また、関西のラジオ局・テレビ局といった営業先でも優秀な人は、仕事現場で出会う業界の人たちに「おっ、こいついいな。なかなか使える」と目をかけてもらい、チャンスを得ます。それは新人の頃から始まっているんです。

当時、三館ある花月劇場は悲惨な状態でした。吉本新喜劇でも、客席のお客様より舞台の役者のほうが人数が多かったような時代でした。

そんな入社3年目、舞い込んできたのが東京への転勤です。

1980年は空前の漫才ブーム。そんなブームがくることを誰も想像できず、「関西のお笑いは箱根の山を越えられない」とも言われていましたが、状況は大きく変わろうとしていました。大阪の吉本の芸人たちもフジテレビの『THE MANZAI』

『花王名人劇場』などのテレビ番組で全国に知られるようになってきました。

とはいえ「お笑い番組で盛り上がっている東京に転勤！ 俺もいよいよ東京進出か！」という、華やかさは微塵もありませんでした。

## お笑いブームと東京の芸能界

当時の東京のテレビ番組と言えば、ニュース、ドラマ、音楽番組で、東京の芸能プロダクションは95%が音楽ビジネスで成立していました。つまりお笑い番組は、まだ市民権を得ていなかったんです。

さらに当時の吉本はまだ社員数100名足らずで、あくまでナニワの興行会社。本流はお客さんと直接触れ合う舞台にあり、東京のテレビがいくら盛り上がっていようと、「いらんことすんなよ。東京はただの連絡事務所、余計な東京のテレビの仕事なんかせんでいい。花月劇場の出番に穴を開けてまで東京に芸人を出す価値はない」というのが経営陣の考えでした。

「大﨑、言うたらなんやけど、この人事は左遷やな」

意地悪やイヤミ半分でいろんな人にいろんなことを言われ、そこで初めて「ハハーン、俺、飛ばされたんか。窓際か」と気がつく呑気さ。

僕はパシリとしての赴任であり、事務所の責任者はのちに「鬼の木村」の異名をとる木村政雄さん。横山やすし・西川きよしのマネージャーを務め、豪腕で知られる「ミスター吉本」と称された人物です。とはいえ、この時の木村さんにしても能力を買われたわけではありません。「酒を飲まないから、夜のつきあいもなくて経費がかからない」と見なされての東京行きであり、その木村さんが僕に声をかけたのは「重要な担当もなく暇そうや」という理由です。

事務所のメンバーはたった二人。しかも家賃を節約するために木村さんと同居。僕の部屋はガラス戸一枚で丸見えで、プライバシーはゼロ……。

だんだん、東京行きの実態がわかってきても、「もともとぼうっとしていて同期のビリ」と自覚していたので「飛ばされるのも、順当っちゃあ順当か」と目一杯笑顔で受け止めていました。

東京事務所の所属芸人第一号は、野沢直子さん。頭の回転が速くて「おっ、東京の子や！」と思いましたが、僕の仕事は野沢さんのマネージャーではありません。

東京で待っていたのは、泣く子もだまる「ザ・芸能界」。

最初は東京タワーに見とれ、『ポパイ』に出ていた原宿の古着屋巡りをしたい」とアホな子丸出しの上機嫌だった僕ですが、休みなんてまったくない。

「あかん、美人すぎやろ」と、東京のテレビ局の受付の女性に緊張していた時期は一瞬で、あちらの番組からこちらの番組へと朝から晩まで駆け回る日々が始まりました。

こんなふうに書くと「えっ、やっぱりキラキラ？　かっこいい仕事？」と誤解を招くかもしれませんので、もう少し詳しく説明しておきます。

「東京なんかどうでもいい」という大阪本社に対しては「はいはい」と返事をしつつ、そんな命令を無視して東京のテレビ局に対しては勝手に吉本芸人の出演交渉を始める……百戦錬磨の東京のプロデューサーと渡り合って吉本芸人の東京進出を本格化させていったのは木村さんです。仕事をとることにかけては業界随一でした。

僕が渡り合っていたのは東京と言っても、東京の電車やタクシー。

今と違って吉本芸人は全員が大阪在住であり、マネージャーなしでコンビ二人だけで東京へやってきます。

つまり、大阪から芸人が来たら、僕は全員の現場マネージャーをやるんです。明石家さんま、オール阪神・巨人、今いくよ・くるよ、コメディNo.1、ザ・ぼんち、島田紳助・松本竜介、太平サブロー・シロー、西川のりお・上方よしお、Wヤング……。

新幹線の東京駅や羽田空港まで迎えに行き、渋滞している時間なら、路線図もわからない迷路みたいな地下鉄を乗り継いで時間通りにテレビ局まで送り届ける。どのスタジオに行ったらいいのか、どの楽屋に行ったらいいのかわかっていないうえに、パソコンやスマホはもちろん、携帯電話すらない時代ですから、かなり難易度は高いんです。

仕事が終われば大阪の花月の舞台が待っていますから、「東京駅から新幹線と、羽田から飛行機のどっちが早いか?」なんてやりくりするのも重要な業務でした。閉まりかけた新幹線のドアに足を挟んでなんとか止め、ホームを全力疾走してくる芸人さんに「早う、早う!」と叫ぶのもいつものこと。40年以上前だからやりましたが、今だったら許されないことですね。

帰阪が間に合わないとなれば、舞台に穴を開けないように代演探し。「アホ、なんで俺が尻拭いをせなあかんのや!」と芸人や劇場の支配人に怒鳴られつつ、「なんとかお願いします」と他の芸人に代演を頼み込むのも僕の仕事。

もめそうな芸人の現場にはぴったり付き添い、トラブルが起きたら頭を下げる。ホテルで寝ているはずの芸人が遊びに行ってしまい、夜通し待ち続ける、なんてことも珍しくなく、睡眠時間は毎日2~3時間程度でした。

## 居場所がないのは僕だけだった

視聴率で、勝った負けた。

出演番組の数で、勝った負けた。

東京のザ・芸能界は、競争の世界そのものでした。


当時の芸能界のヒエラルキーみたいなものは「俳優、歌手、お笑い」の順で、さらにお笑いにもヒエラルキーがあって「喜劇役者、落語家、漫才師」。

つまり僕は、最下層の「漫才師」のマネージャーですから、下っ端も下っ端。大阪から来た「興業」なんてヤクザみたいな名前の会社とバカにされていました。売れっ子になってきた紳助・竜介でさえ、大部屋の楽屋すら与えられず、トイレで着替えたりしていましたから、ひどい話です。快適な個室が用意され、テレビスタッフが挨拶に来てくれる今から思えば、隔世の感があります。

それでも身ひとつ、芸一本で勝負する芸人の心意気は半端なく、僕は現場でそのプライドも守らなければなりません。失礼な扱いをされたら、抗議するのも仕事のうち。
「東京のマネージャーたちはおしゃれなスーツ姿も板についてるなあ。よれよれのセーターにチノパン姿の俺は、迷い込んだひねた学生みたいや。局のプロデューサーはラフな服やけど、賢そうやなあ。一流大学出なんだろうな」

オドオドとコンプレックス丸出しの本心はおさえ込み、テレビ局から理不尽な要求があれば闘ってでも跳ね返しました。自分から勝負を挑まなくても、相手から怒鳴られる、たくさんのディレクターやスタッフに取り囲まれて喧嘩を売られるのも日常茶飯事。そうしたらスルーできないんです。売られれば、必ず買ったというところでしょうか。

お笑いブームが急速に盛り上がる中、吉本芸人たちはダブルブッキングどころかトリプルブッキング、フォースブッキングもざらでした。生放送に遅れたり、収録の途中で他のテレビ局へ走り込んだりということもしょっちゅうで、全部の〝ケツを拭く〟のは現場マネージャーの僕。

「オープニングにちょっと顔を出しただけで、他局に走ってくなんて何事だ！　どんなスケジュール管理してるんだよ」と現場ディレクターに胸ぐらを摑まれ、騒ぎになるのも毎度毎度のことでした。

こんな具合に毎日走り回っているうちに、僕にも少しずつ人脈ができ、何より吉本芸人たちはレギュラー番組を何本も持つ人気者になっていきました。

『THE MANZAI』『花王名人劇場』『笑ってる場合ですよ』『お笑いスター誕生‼』と続々と新番組が生まれ、1981年に『オレたちひょうきん族』が始まりました。

左遷と言われた東京で、次々と大ヒット番組が誕生し、吉本の芸人が活躍。ザ・芸能界という業界の土俵では、勝ったように見えたのかもしれません。

芸能事務所でも、一般企業でも同じこと。自分が担当するタレント、サービス、商品が売れれば、担当者が「自分の手柄だ！　業界での勝利だ！」と思うのは、ありがちな話です。

でも、僕はそう思えませんでした。

「土俵に上がってるのは芸人や。成功してる、勝ってる言うても、俺やない」

自分はただの現場マネージャー。会社から与えられた役割をこなしているだけで、ゼロから何かをつくり出す才能もない。

今でも忘れられないのは、ある日のスタジオでの休憩時間です。

華やかな空気の中、業界用語がポンポン飛び交い、「場違いやなあ」というオドオドが消えない僕と違い、芸人たちは楽しそうに歌手やタレントさんと笑い合い、差し入れなんかをおいしそうに食べています。

居場所がないのは、僕だけだとふと思ったりして。

## さんまと紳助を誘って独立したろか

「マネージャーの自分の代わりなんか、いくらでもいる」

茫然と立ち尽くして鬱々としていた僕に、「そうや、その通りや!」と伝えてきたのは会社でした。大阪へ戻れと辞令が出たんです。

ダメな自分を自覚する一方、僕なりにあれこれ動いて、新しい企画に吉本芸人をブッキングできるようにもなっていました。そうなると「大﨑さん、お願いします」という電話が事務所にどんどんかかってくるようになり、木村さんは「勝手に何しとるんや」と不愉快だったのかもしれません。

「大丈夫? 事務所のお金がなくなって、大﨑くんが盗んだと噂になってるわよ」

面倒見のいい大阪のイベント会社の女性社長、板倉さんから連絡があったのもその頃で、金庫の鍵に触らせてすらもらえない僕が「泥棒をした」という噂が社内に広まっていました。

連絡係としての「東京連絡所」から「東京事務所」となり、ようやく花を咲かせられるかというタイミングであらぬ疑いをかけられ、「おまえはもういらない。大阪へ帰れ」と言われたようなもんです。

飛ばされた先は吉本総合芸能学院、通称「NSC」。

漫才ブームは終わりかけていましたが、「芸人になりたい！」という若い人は激増し、吉本はそこに着目していました。

「師匠に弟子入りし、背中を見ながら芸を覚える」

そんな昔ながらのやり方を、学校という芸人育成システムに変える試みでした。

「そんなん、できるわけないやろ。お笑いは才能で、教わるものではない」

密かにそう思っている僕のような人間が途中から加わって、うまくいくはずがありません。

しかも僕は、NSCチームのみならず、大阪吉本の人たちから嫌われていました。お笑いバブルのような東京では、何もかもが突発的で強引だったためです。

「東京連絡所は勝手や。無茶苦茶なスケジュールを決めては、芸人をよこせと一方的に言ってくる。大阪にもテレビ局はあるし、舞台はどうなる！　本社はこっちやで！」

大阪の鬱憤はかなり溜まっており、僕自身、芸人養成所に興味が持てませんでした。

そうなると思い出すのは、東京で親しくなっていた明石家さんまくんや島田紳助くん。二人とは、「一緒におもろいことができたらええなあ」などと、かなり腹を割った話もしていました。

「吉本を辞めたろか。さんまと紳助・竜介を誘って、独立したらどうやろ?」

そんな甘い夢を勝手に見たりもしましたが、もはや大スターとなった紳助・竜介、さんまくんは、それぞれの居場所で欠かせない存在になっています。当時の僕の立場では経費も使えませんから、小さな舞台を借りることすら無理でした。

さすがにめげていたあの頃、僕の仕事は掃除ばかり。難波千日前のNSCは周りが飲み屋だらけですから、シャッターにこびりついた酔っ払いのゲロと立ち小便の跡を、ホースの水とブラシで洗い落とすのが、僕の唯一の業務でした。

## ダウンタウンの二人との出会い

行きたい場所を決めて、まっすぐに目指す。それもひとつのやり方ですが、僕にはそもそも行きたい場所がなく、それは今もあまり変わりません。

学生時代、伊勢の海に行き、ひとりぼっちでサーフィンをしていて偶然にいい波と出会うと無我夢中で乗りました。人との出会いも、そんなふうなのかもしれません。

NSCの1期生、18歳の浜田雅功くんと松本人志くんとの出会いもそうでした。

小学校からの同級生だという二人は、見るからにガラが悪くて暗そうで、「誰も信じるもんか」と挑むような鋭い目つきというのが第一印象。

次に見かけたのは、駐車場跡に急ごしらえしたNSCの板張りの稽古場です。彼らが〝森の妖精〟をテーマにした不思議なコントを生み出そうとしていたまさにその時でした。

「なんや、こいつら……」

どきどきしました。

紳助・竜介が出てきた当時、「ひょっとしたら、漫才のスタイルを変えるんじゃないか！」と感じました。お揃いのスーツの代わりに暴走族のようなつなぎを着て、ネタもテンポも独特でした。

東京では、『オレたちひょうきん族』でツービートのビートたけしさんや明石家さんまくんが大スターになり、お笑いの絶対王者だったザ・ドリフターズの『8時だヨ！　全員集合』を視聴率で追い抜いた大きなうねりのようなものを体験しました。下っ端社員だったとはいえ、最前列で日本のバラエティの仕組みやお笑いの型が変わる瞬間を体感し、日本の新しい笑いの洗礼を浴びていたわけです。

その桁外れの経験から比べても、この二人は何かが、とんでもなく、ものすごい。

「おもしろい！　あれだけのお笑いブームがあり、新しい笑いは出つくしたように見えていた時代に、まだこんなやつらが出てくるんやな。こいつらとだったら、世界に行ける」

しかしそう思ったのは僕くらいだったようで、ダウンタウンになる前の彼らは、「吉本期待の新人」ではなく「高校出たての名もない漫才師」でした。

当時の「吉本という土俵」のルールは、色あざやかな揃いのスーツを着て、明るく大声で挨拶し、古典的なボケツッコミを披露すること。それが平均年齢が高い花月のお客さんたちにとって、「昔ながらの正しい漫才、正しい笑い」でした。

だらっと登場し、ボソボソしゃべり出すダウンタウンの笑いは、「意味わからんわ」というもので、たまに舞台に出てもお客さんには理解されず、ポカンとされるばかりです。

大きな変革期を迎えたお笑い界で、型通りのコントや漫才とはまるで違う、ビートたけしさんとさんまくんの二人のやりとりが視聴者を魅了していたあの頃。

「ダウンタウンがテレビに出れば、若いお客さんたちに大ウケするはずだ！」

東京を見てきた僕は確信していましたが、吉本という土俵のルールは「まず、舞台に立ってお客さんにかわいがってもらい、テレビはそのあと」。つまり、スタートラインの劇場で年配のお客さんにウケないと、仕事はどんどん減っていきます。

人気どころか知名度さえ上がらず、同期のトミーズ、ハイヒールが関西のたくさんの番組で売れっ子になっても、松本くんと浜田くんは無視され続け、置いてけぼりでした。

「なんで俺ら、売れへんのですか!!」

なんば花月近くにあった、小汚くて安い喫茶店。二人でいるから来てほしいと誘われ、唐突に問われたのはその時でした。

「大﨑さん、僕らのこと、どう思いはりますか?」

松本くんの言葉に、僕は感じるままに語りました。

「二人やったら世界に行ける。お笑いの世界を変えられる。そういう二人やと俺は思うねん。松本と浜田やったら、全然違う新しいことかて、絶対にできるはずや。そやから、俺がマネージャーやるわ」

担当でもないのに勝手に引き受け、会社の意向も関係なしに夢中で売り込んだり企画を考えたりしはじめたのは、二人の才能をつよく信じていたからでした。

## どんな土俵にも、独特のルールがある

「結果を出すことは大切だ」と言われますが、たまたま入社した、たまたま異動したなど、偶然にぽんと置かれた場所にも、それぞれルールがあります。

そこで勝ちたいなら、すでにあるルールに合わせなければ難しい。ラグビー競技場にいるのに、サッカーのルールで努力してもダメなんですよね。

こんな時、やり方は2つあると思います。

ひとつは、自分を殺してルールに合わせること。

たとえば松本くんと浜田くんがお揃いのスーツを着て、にこにこ愛想よく「どうも～！　ヒトシ・マサトシですっ」とパチパチ手を叩きながら舞台袖から飛び出し、よくあるタイプの凸凹コンビのネタを披露したら、それなりに仕事がとれたかもしれま

せん。少しはファンができて、「自分なりの小さな花を咲かせました」という結末になったかもしれません。

でも、それをやって「俺たちは絶対におもしろい」という強烈な自負や、二人の独特の笑いが死んでしまったら、その花は彼らの花ではありません。

そこでもうひとつの手が、「場所」を変えること。

たとえば、入社1年目の僕が志願して、初めてマネージャーになったのは、西川のりお・上方よしおでした。独特のキャラで人気はあったものの、お笑いの賞を取ったことがない無冠のコンビ。いまいちブレイクもせず、「レギュラー番組がないねん、どうしたらええ?」と相談を受けました。

僕は、頼られたのがうれしくて頭をひねり、激戦区の大阪ではなく、岡山の山陽放送の子会社、山陽放送サービスにアプローチして、なんとかラジオの公開録音のレギュラーをとることができました。先輩も誰も食い込んでいないところに通いつめたからこそ、駆け出しの僕の舌っ足らずな営業トークでも通ったのでしょう。

## 伝説の番組『4時ですよ〜だ』の舞台裏

そう、場所を変えればルールは変わります。土俵のルールは、唯一無二の絶対ルールではない。置かれた場所のルールに合わないなら、別の場所に行けばいい！

ダウンタウンの場合も、そう考えました。

「花月の舞台からスタート」という吉本の土俵からはみ出して、まずは大阪ローカルのラジオ番組を持ちました。

さらに僕たちは、「心斎橋筋2丁目劇場」をオープン。吉本所有の小さいビルを改装し、「なんば花月」の大劇場と真逆のコンセプトで始めたものです。2丁目劇場の「2」は、シカゴにある「セカンド・シティ」という即興のコメディ劇団にも引っ掛けていました。コメディアンのジョン・ベルーシやダン・エイクロイドも出演していたすごい劇場にあやかれば、世界に飛び出せるかもしれないと思いました。

ＮＳＣ卒業生を出演させ、一人３００円、カップル５００円という格安チケットで、若い子向けのライブを始めることにしました。１９８６年5月のことです。

「このライブ、テレビ放送にしたらどないやろ」

僕がそう考えたのは、２丁目劇場は吉本の自社ビルなのに、会社に毎日20万円の家賃を払わなくてはいけなかったから。客席はたった１１４席、２００円や３００円のチケットの儲(もう)けなど、たかが知れています。さっそくいろんな放送局に通いつめて交渉すると、「夕方の4時〜5時だったら、月〜金の帯で放送枠を空けられる」と言ってくれたのが毎日放送でした。

夕方4時というのは当時も今も、微妙な時間です。

子どもたちはまだ下校途中、お母さんがたは買い物や夕飯の支度。テレビの前にいるのはおじいちゃんおばあちゃんのみ、しかも、シルバー界の最強コンテンツ『水戸黄門』の再放送がある時間帯。

「無名のNSC卒業生のダウンタウンや超若手たちのライブを、毎日1時間生放送で中継して、視聴率は取れるのか？」

不可能に近かったけれど、もうやるしかありません。視聴率という数字とは別に、「せめて劇場のある戎橋界隈に、若い女の子たちが集まる〝現象〟くらいはつくろう」と、密かに誓いました。

1時間番組1本につきいただく制作費が80万ですから、家賃を引いたら残りはたった60万円。これで放送作家やディレクター、ADや大道具などのギャラもすべて賄うことに。

僕がまず訪ねたのは、大道具のきっしゃんこと岸村伸治さん。とびきりの腕があるのに気が荒く、売れっ子の放送作家ともめて、本番中のスタジオで相手を摑んで引きずり回すというトラブルを起こしたばかりでした。その一件で美術会社をクビになった彼に頼み込み、1日につきわずか1万円の製作費で、美術セットからゲームの小道具、ハリセンまでつくってもらうことになりました。

ヘアメイクは、「私のツレ、メイクの学校を卒業してん」という、ハイヒールモモコの不良仲間の千春が担当。

ADは放送芸術専門学校を出たばかりのど新人。毎日放送の田中文夫さんと相談をして、放送作家とディレクターだけは関西で一番の凄腕(すごうで)に頼み込み、なんとかオンエアーに漕(こ)ぎ着けました。

1987年4月、中高生向けのバラエティ番組『4時ですよ〜だ』が始まったのです!

## ダウンタウンの人気に火がついた

少しでも売上げを増やすために、2丁目劇場もフル回転。朝から準備をして『4時ですよ〜だ』の生放送が終わると、6時からは「ジュニアお笑い探検隊」のライブ、7時からはダウンタウン、今田耕司、東野幸治、板尾創路とほんこんの130R、TEAM-0の山崎邦正(現・月亭方正)らが出演する「2丁目お笑い探検隊」のライブ。深夜は非常階段のシルクとミヤコが案内役を務める古い映画のレイトショーと、フル回転させました。

オールディーズの木村祐一とトッチィ。三角公園USAの辻本茂雄。ピンクダックのミチとレイコ。ボブキャッツのヒロと雄大。メンバメイコボルスミ11のビクとココ。さらには内場勝則、島田珠代、山田花子。

みんなよく働いていました。ダウンタウンはもちろん、芸人たちはみんなしてチケットを手売りし、「家賃を稼ぐ」を合言葉にグッズをつくって舞台で宣伝しました。

「これ、うまいこと売れるんとちゃいますか?」

しまいには黒門市場で買ってきたコロッケを劇場で倍の値段で販売し、「完売だ!」と喜んだり。まるで高校の文化祭です。


スタッフも劇場に泊まり込んでネタや企画を考える日々でした。

「食事に行ってきまーす」と出ていった若手スタッフはケンタッキーフライドチキンを買ってきて、ジャンケンで勝ったら肉、負けたら骨にこびりついた肉をしゃぶるという、なかなかの貧乏っぷり。ビルとビルの隙間でのそんな〝食事風景〟を偶然見てしまった僕は、「もっと売れて、みんなに丸ごとのチキンを食わせなあかん」と思ったりしました。

それでも全然、苦痛ではなかった。

むしろ楽しくて、熱気があって、最高でした。

やがてダウンタウンの人気が爆発、ますますボルテージが高まっていきました。

花が咲くどころか、古い価値観でかちんこちんの土では種まきもできなかったのに、違う場所に移って、でっかい見たこともない蕾（つぼみ）がついた――。

でも、これは松本くんと浜田くんの力で僕の勝利ではないんです。僕は芸人たちが過去の古びたルールから解放され、若い世代や芸人たちが自発的に表現する、2丁目劇場という「場」を用意しただけでした。

その後、彼らは東京に行って大成功しますが、「その場のすべての空気を共有してつくり出す二人の新しい笑い」という土俵のルールが、ダウンタウンの闘い方にぴったりだったのも一因でしょう。

でも、喜びの中にコツンと交じった石みたいに、僕には違和感がありました。

・既存の土俵に上がったら、その土俵のルールで勝負をしなければいけない
・新しい土俵をつくっても、その土俵にも新ルールができて、勝負になる

いずれにしろ勝負であり、これはやっぱり好きじゃない！　後々詳しくお話ししますが、僕は「競争」が大嫌いです。

大阪がダメなら、岡山へ、東京へ。花月劇場がダメなら、心斎橋筋2丁目劇場へ。

それまでの僕は、局地戦でうまくいかないなら違う場所をつくろう、新しい土俵をつくろうとしてきたけれど、結局、大嫌いな競争になってしまいます。

「ただの繰り返しじゃないか。土俵に上がれば、ルールも勝負もある……」

## 「すべての垣根がない世界」という野望

それならもう、土俵をつくるなんてやめようと思いました。

大阪がダメなら東京へという発想ではなく、大阪と東京の垣根を外すんです。劇場がダメならテレビへという発想ではなく、業界の垣根を外すんです。業界の壁も、国境もない。まったく枠のない空間で、みんなが自発的にやりたいことをやる。そんな場所が創れたら、「勝った・負けた」の競争なしに、みんなが自由に、自分の好きな花を咲かせられるはずです。

僕自身についても、吉本の中で「やり手のマネージャー」として社内ポジションを取るのでもなく、お笑い界で「腕利きのプロデューサー」として業界ポジションを取るのでもなく、もっと広いアメリカや中国や他のアジアの国々をウロウロとして何かヒントを得たいと、つよく願うようになりました。

心斎橋筋2丁目劇場で無我夢中だった頃から40年近くたった今、テレビからYouTubeやTikTok、世界配信という具合に、次々と新しい場ができています。

今後は、メディアの違いも国の違いも軽々と越える、新しいメディアやコンテンツも登場してくるでしょう。「すべての垣根がない世界」はまだ野望で、夢の途中です。

でも、もうすぐそこに来ているかもしれません。

## 「根をはる」のではなく「風に舞う」

柄にもなく熱く書いてしまいましたが、この本って、僕の自叙伝ではありません。
読んだ人の役に立つ本であってほしいと願っており、このネタを書いたのは、２つの勘違いをしてつまずいている人が多いなあと感じたからです。

「置かれた場所で花を咲かせなければいけない」
「今いる場所で花が咲かないなら、他を探せばいい」

今いる場所は、すべて偶然たどり着いたところです。
たまたま入った学校で、たまたま入ったクラスやクラブ。
たまたま入った会社で、たまたま配属された部署。

場所が合う・合わないは必然でも、ルールはそれぞれにあるから、自分が勝てるルールもあれば、いくら努力してもボロ負け間違いなしのルールもあります。それなのに「小さくてもいいから、その場で絶対に花を咲かせろ」なんて無理な話です。

だからと言って、今いる場所を変えれば、花が咲くという保証もありません。転職が問題解決にならない多くの例を見ればわかるように、移った先にもルールがあって、勝てるとは限らない。同じ物語の繰り返しならまだマシで、さらに悪くなることもあるはずです。

そこで、僕が勧めたいのは2つ。

・どこだろうと、土俵には上がらないこと
・どこにもしがみつかないこと

タンポポの綿毛みたいにふわふわ漂って、自由にいろんなところに行ってみる。

いきなり花を咲かせるなんて思わず、細くてちっぽけでもいいからほんの少し根をはやしてみる。

そもそも風に舞い、漂うタンポポの綿毛には、綿毛なりの幸せがある気がします。「花になる」のが最終目的でなくてもいいんです。

ふらふら漂う綿毛はまだ何者でもないから、これから何者にだってなれます。そういう宙ぶらりんの自由さって、あるんじゃないでしょうか。

どこの土俵にも上がらず、どこにもしがみつかない。


クラスなんて、学級替えをしたらさようなら。

学校なんて、卒業したらさようなら。

会社なんて、辞めたらさようならです。


たとえ芸人が漫才の道をあきらめても、人生の中で笑うことや笑わせることを続ければいい。ふわふわとしながら、でも〝それぞれのやり方〟で続けること、あきらめないことが大事だと思います。

## 02

# 孤独を見つめすぎない

「何考えてるかわからへん」

子どもの頃や学生時代、友だちはもちろん、先生にも大人たちにも、よく言われました。

「本心がどうもわからんやつや」

社会人になってからも、よくこんな言葉をもらい、それは今でも続いています。

たとえば、たかだかサラリーマン社長の分際で、創業家と言われている一族と対峙する形で、420億円の個人保証までして、吉本興業を非上場にしたあのお家騒動。いざこざのあれやこれやの整理整頓が脂汗を流しつつなんとか終わったのに、再上場するわけでもない。

「下克上で大﨑興業をつくるのかと思ったら、自分は一株も持たないって？　いったい、あれはなんだったんだ!?　何を考えているかわからない」

気のおけない親しい人にまで、ずけずけ言われる始末。業界の中でも吉本興業会長・大﨑洋は「わけわからんやつや」、そういう人物として定着しているようです。

子どもの頃から定着しているこの評判。たぶん、ほめ言葉ではないでしょう。

うんとよく言えば、ミステリアス。

ちょっと悪く言えば、したたかそう。

かなりはっきり言えば、腹黒そう。

普通に言えば、変なやつ。

少なくとも友人・知人に囲まれ、会社のみんなには慕われ、家族仲は良好……なんて人物は、「何を考えているか、わからない」とは、言われないと思います。

なぜって、ちょっと思い浮かべてみてください。

家族でも友だちでも恋人でも、会社の仲間でもかまいません。心を許している人たちが何を考えているかは、なんとなくわかる、そう思っていませんか?

親しい関係の相手なら、「この人は自分の気持ちをわかってくれるし、自分もこの人の気持ちがわかる」と、感じる人がほとんどという気がします。

「お互いの気持ちは、わかっている。通じ合っている」

これは、親しい間柄の絶対的な条件みたいなものかもしれません。

つまるところ、僕のように「何を考えているのかわからない」と思われる人間は、人との距離を詰めにくい。

友だちができにくい。

みんなとわいわい、やりにくい。

ひとりぼっちに、なりがちです。

心を丸出しにして無邪気につきあってるつもりなのに、周りからはそう思われない。

仕事柄、知人は相当に多いので、大勢でわいわいやっているように映るかもしれません。でも、大きなパーティに出たあと、帰りの車で一人になると、ほっとします。宴会が盛り上がってきたら、「そろそろいいかな」とそっと消えてしまうこともあります。

気が合う相手、同志のような人、夜中に長電話をする長いつきあいの芸人もいます。家族とも仲良くしています。それでも、ふっと一人になりたくなる。僕は人との間に、いつも距離があるたちのようです。

## 赤いお絵かきと箪笥のウンコ

「何考えてるかわからへん」と言われ、誰にもわかってもらえない自分。
「ほんまにその通りかもしれないな。頭の中がいつもぼーっとしていて、自分が何を考えてるか、俺自身もわからへんし」

これが正直なところです。

僕の心の中には子どもの頃から、誰も入ってこない、小(ち)っさくて狭い部屋があって、その部屋にすっぽり入り込むと、押し入れに隠れた時のように落ち着きます。

この感覚はずいぶん古いもので、思い出そうとすると目に浮かぶのは、薄暗い部屋の箪笥(たんす)。古い木と埃と、尾籠(びろう)な話ですみません、ぷうんとウンコのにおいがします……。

「おばあちゃん！　ひろっちゃんがまた箪笥の間に入り込んでるわ」

姉が叫ぶ声は、今も覚えています。

「えっ、またか？　なんでお便所に行ってやらんねんやろうなあ」

祖母の呆(あき)れた笑いの声も聞こえていたはずなのに、あの時の僕は、動きませんでした。

便意をもよおすと、箪笥と箪笥の狭い間にすっぽり入る。

漏らしたのではなく、幼稚園や1年生の頃の話でもない。どういうわけか3、4年生になるまで、僕はわざわざ部屋の中の箪笥の間で、パンツをはいたまま一人でうずくまってウンコをしていました。おしっこはトイレでしていたので、自分でも説明がつかない、はた迷惑かつ奇妙な癖です。

「箪笥でウンコ」をひとつ目として、幼い僕には「奇癖3点セット」がありました。

2つ目は、うなる癖。いつもぽかんと口を開けていて、静まり返った授業中だろうとお構いなし。唐突に「うっうう」とうなっていました。

3つ目は「赤い絵」。幼稚園のお絵かきでは、いつも赤だけで描いていました。青いクレヨンも、黄色のクレヨンもあるのに、色とりどりの絵を描く子どもたちの中、僕の絵だけが真っ赤だったのです。

## 「お母ちゃん、あしたは早よ帰ってきてな」

「奇癖3点セット」は、成長とともに直りました。大人になって、偶然、雑誌で見つけた記事によれば、「赤い絵」は孤独や愛情不足を表しているとのこと。真偽のほどはわかりませんが、赤い絵を描いている自分は「なんか変やな」というのは、子どもの頃からぼんやり感じていました。そして確かに、とてもさびしかった。

両親と祖父母、2つ年上の姉と僕。

6人家族が暮らした堺市の家は増改築を繰り返して部屋が増えましたが、毎朝揃って茶粥を食べていたのは、入ってすぐの居間の掘り炬燵。僕が子ども時代を過ごしたのは昭和30年代、大阪のありふれた家族でした。

ちょっとだけ違うのは、僕が幼い頃から母がずっと働いていたこと。幼稚園の先生をしていました。

堺市のわが家から母が勤めていた西成にある「岸の里幼稚園」までは、小一時間かかります。朝6時頃には家を出るので、僕が目覚めると母の姿はすでにありません。

「ひろっちゃん、起きたん？　お母ちゃん、もう行ったよ」

そう言う祖母に「うん」と答えつつ、毎朝のことなのにさびしくなります。

母は幼稚園の勤務のあとに、卒園生の家を回ってピアノの先生もしていたので、帰宅するのは毎晩10時過ぎ。子どもはとっくに寝ている時間です。

祖父母もいるし、姉もいる。幼稚園の送り迎えや食事、すべての面倒は祖母が見てくれるのですから、「ひとりぼっちでさびしい」ということはないはずです。

それでも僕にとって、「お母ちゃん」は特別だったのでしょう。

すれ違い生活がつらい僕は、たまに母と顔を合わせると、「お母ちゃん、あしたは早よ帰ってきてな」とねだったり、駄々をこねたりしました。

気が咎めた母が必死に早く帰ってきたら、僕は遊びに行って家にいなかった、なんてオチもあるのですが。

## 母の勉強机は夜のミシン台

校長先生をしていた父を持つ母は、与謝野晶子の母校として知られる堺高等女学校（現在の府立泉陽高校）を卒業しているのですが、通学のチンチン電車で僕の父に見初められたようです。

お嬢さん育ちの女学生と、堺市立商業高校柔道部の猛者の恋は実り、母は「これぞ庶民！」という大﨑の家に嫁いできて、いろいろ驚いたようです。

何せ当時は、一家揃って「上半身裸」というのが、夏の大阪下町では珍しくない。父や祖父だけでなく祖母までも、はらりと手ぬぐいを肩にかけただけで、おっぱい丸出し。「暑くてかなわんわあ」なんて言いながら、上半身裸の3人がつるつる素麺をすすっている姿が、実にショックだったと母は話していました。

風呂は五右衛門風呂、冷蔵庫は氷屋さんが毎朝配達に来る大きな氷を入れた代物という昭和、下町の家です。髪結さんとしてずっと働いていた、昔かたぎの祖母と鼻を突き合わせて暮らすのですから、嫁姑問題なんかもあったはずです。

頼みの綱の夫、つまり僕の父は、堺の魚市場のそばにあった冷凍工場、今のニチレイで働いており、「男は外で仕事をしてたらええねん」という昔の男。

そんな嫁ぎ先で姉と僕を産み育てながらも幼稚園の先生をしていたのは、お金のためだけではありません。稼ぎは全部財布の紐を握っている姑に直行ですから、母の自由になる小遣いは、ピアノを教えている家でたまにいただく商品券くらいのもの。その商品券で、母は僕や姉に本を買ってくれていました。

母は「いずれは自分の幼稚園をつくりたい」という夢があったからこそ働いていたし、家のミシン台の上で通信教育の勉強もしていました。もしかすると、母なりに自分の居場所を完成させたかったのかもしれません。

## シンバルを叩くおサルの人形に涙

共働きの両親に代わって僕を育ててくれた祖父母は、厳しかった。祖父は日中戦争に海軍として行った人で、悪さをすれば火箸で叩くという超スパルタです。

でも、厳しかったそんな頃はまだ良かったんです。

母は僕を出産してすぐに子宮がんを発症し、再発の不安とともに暮らしていた人生でした。僕が高校生くらいになると、祖父母は揃って認知症になり、母は仕事を辞めて介護に専念する日々が始まりました。

一番奥の離れに布団が敷かれ、枕を並べて寝ている祖父と祖母。トイレにも行けませんし、オムツ替えは母の仕事。大人二人ですから、ご想像通りの重労働です。

むごいことを書きますが、いっそ寝たきりでおとなしければ、ましだったのかもしれません。妄想にとらわれた祖父母は、少しは動く不自由な体で這いずり出てきてしまったりして、ひとときも目が離せません。

「ごはん、ちょうだいよう。お腹空いてるねん」

お約束のように食事したことを忘れ、「まだごはん、食べてへんねん〜」と訴える。徘徊（はいかい）したりもしましたから、体が弱く、148センチと小柄な母はたまらなかっただろうと思います。

介護ヘルパーなんて想像の世界だった半世紀も前の世の中。プロの手を借りつつ、家族で協力してケアするなんて意識はつゆほどもなく、舅（しゅうと）姑の介護は当然のように「嫁の仕事」。

今思えば、体よりももっとしんどかったのは、母の心でしょう。

「誰だっていつか年寄りになるんやから。おじいちゃんやおばあちゃん、みんなが元気な今のうちに、この本、読んどかなあかん」

1972年に出版された有吉佐和子さんの『恍惚（こうこつ）の人』は、認知症の老人を題材にしたベストセラーで、姉がそんな話をしたのは祖父母が寝たきりになる少し前でした。その後まもなく介護が始まることを誰も夢にも思わず、2年半もの間、外出すらできなくなった母をろくに手伝いもしなかったのですから、僕は最低のお気楽者だったのでした。

「お母ちゃん、大変やな」と頭で理解はしても、遊びたい盛りの10代。友だちから誘われたらホイホイ出かけてしまいます。

母の唯一の息抜きは、家の前のちっちゃな池をしゃがんでじっと見ることでした。ゆらゆら泳ぐ金魚を、祖父母を気にしながら、1分ほどぼんやり眺める。じっと池を見ているその姿は、声をかけられないものでした。池を見つめるわずかな一人の時間で、母は心を保とうとしていたのかもしれません。

「お母ちゃん、こんなん買ってきた、おもろいで！」

なんであの時、自分がおサルのおもちゃを買ったのか、思い出せません。

大阪ミナミの旧なんば花月の前にあった、狭くて古いおもちゃ屋さん。表のワゴンに置いてあった、シンバルをちゃんちゃん鳴らすおサルの人形。

「どや、お母ちゃん」

ネジを巻き、畳の上に座らせると、おサルはシンバルを叩きはじめました。

ちゃんちゃんちゃん。ちゃんちゃんちゃんちゃん。
その時、母が大声で泣き出しました。そしておかしなことに、気づけば僕も一緒に、声を出して泣いていたんです。

「なんやこれ。なんでおもちゃのおサルに泣かされとんねん」

二人でぼろぼろ涙をこぼしながら言い合い、「こんなんで泣くなんて、どうかしてるわ」と笑おうとして、また泣きました。
もしかするとあの時、母の中に溜まりに溜まったものが、おサルのシンバルの音に釣られてだーっと出てきたのかもしれません。

## 時に孤独はおにぎりのように

あのおサルのおもちゃで、介護をしていた母が一息つけたのならうれしいのですが、とうに亡くなった今となっては確かめる術はなく、永遠にわからないままです。大人になった僕がわかるのは、あの時の母が途方もなく孤独であったこと。夫と二人の子ども、舅姑の6人で暮らしていても、母は孤独な日々もあったのだと思います。

癌再発と転移の不安は消えるものではなかったでしょうし、実際、何度も手術をしています。それでも母は「子どもを残して死ぬわけにはいかない」と心にすべてしまい込んで恐怖に打ち克つ、つよさを持っていました。つよいからこそ、孤独だったとも言えます。

孤独とは、単純にそばに誰もいないことではないんでしょう。それも確かに孤独ですが、みんなといるのに心は一人、そんな孤独があるのはよく言われることです。

誰もわかってくれない孤独。

弱音を吐きたいのに、誰にも吐き出せない孤独。

唐突ですが、孤独っておにぎりみたいなものかもしれません。同じ白いごはんの同じ形でも、中にあるのは梅だったり昆布だったり、ツナマヨだったりします。

おにぎりの中身がぱっと見ただけではわからないように、誰しも孤独を抱えているけれど、孤独の味はいろいろで、一見しただけだとどんな孤独かわからない。

おにぎりと孤独って、ヘンなたとえかもしれませんが、似ている気がします。


おにぎりに釣られて出てくる次の記憶は、大阪駅。

僕は、仕事のあれやこれやで行き詰まっていました。新卒で吉本興業に入社し、5、6年ほどたった頃です。

会社の方針に逆らうように、さまざまな挑戦を始めた〝はみ出し者〟の僕を、容赦なく攻撃してくる人たち。当時はなかなか歯が立たなかった東京のお笑い。自分の力のなさ。いろんなことが、ずっしり、のしかかっていました。

大人になった人間が、実家の両親に仕事の悩みを話せるわけもない。

マネージメントの仕事のあれこれは、業界でない人にしゃべって理解されるものではありませんし、滅多に帰らない僕が嫁や子どもが待つ家庭でこぼせる愚痴などありません。心配させまいと、「どや、学校は？　友だちは？」と、当たり障りのない話をするのがせいぜいです。

僕は、酒が飲めません。酔ってパーッと発散するのは夢のまた夢です。だからどうしようもなくなると、大阪駅の「一番ホーム」にいました。特急やら普通列車やらの幾つもあるホームの中の一番端っこが、僕の好きな場所でした。

## 人づきあいが、どうしようもなく下手くそ

座るのは一番ホームの一番すみっこのベンチ。お茶と弁当を買って、薄暗い中でぼそぼそ食べるのがあの頃の定番でした。悲しいのとも違う。落ち込んでいるのとも違う。ただ下を向いて、黒胡麻(ごま)がかかった、ちょっと固まった冷たいごはんを飲み込んでいました。

「まいったなぁ」と思いながら、ひとりぼっちで弁当を食べていました。それが妙に

性に合っていて、楽だったんでしょう。

応援してくれる人もいたし、味方だっていたんです。それでも、その人たちに自分のつらさを一緒に抱えてもらうことが、僕にはできませんでした。


頼れなかった。

甘えられなかった。

弱音を吐けなかった。


孤独な人って、たぶん、人づきあいの何かがどうしようもなく下手くそです。

表面では大勢に囲まれて笑っていても、それは下手くそな自分を知っているから、なんとか取り繕おうと必死なだけかもしれません。

あの時の僕も、下手くそだった。

一人で抱えていた孤独は、駅弁の、冷たいごはんの味がしました。

## 「誰かに頼りなさい」と言うけれど

「誰かに話しなさい」
「助けを求めなさい」
「専門家のカウンセリングを受けなさい」

心の荷物を抱えきれずに自ら去ってしまった人の悲しいニュースが報じられるたびに、いろんな人がそう言います。「一人で抱えず、誰かに頼れ」と。

でも、それって、本当に、難易度が高い。

あなたは本当につらい時、「助けて」と、すぐに言えますか?

かっこ悪い話ですが、僕はダメです。得意・不得意はあるけれど、孤独が濃ければ濃いほど難しい気がします。濃い孤独は知らない間にじわっと染み込んできて、いつの間にか自分は孤独で水浸しになります。

助けてくれる人がいなくて、孤独に一人で介護をしていた母のように。

何もかもがうまくいかず、大阪駅の一番ホームで弁当を食べていた僕のように。

## 孤独からロマンチックに逃げてみる

本当につらい人にはプロのアドバイスが必要でしょうし、専門のお医者さんを受診するのがいいと思います。

でも、僕はプロではないし、人づきあいが下手くそで誰にも話せなかったし、助けを求められなかった。だから、本当のぎりぎりまで追い詰められる手前の人には、こんな提案をしたいんです。「孤独から、ロマンチックに逃げろ」と。

生きていてうまくいかなかったり、味方がいなかったり、無茶苦茶しんどい役目が回ってきたり、夢が砕けたり。そういうことは大なり小なりみんなあって、そんな時は一人でひたすら我慢するしかない。ただし我慢をする時、地獄の深い沼の底を覗く(のぞ)ような、シリアスな我慢をしてしまうと身を滅ぼしかねません。

・「耐えなきゃダメだ、我慢しろ」と自分にプレッシャーをかけない
・「もっとつらい人はいるんだから、弱音を吐くな」と自分を追い詰めない
・「人に頼れない自分はひとりぼっちだ。人間関係が最悪だ」と自虐しない

そんなんじゃなく、ロマンチックに孤独に浸ってみるんです。

・家族にも仲間にも頼れない孤独な俺。世界でたった一人でさびしいな
・哀愁漂ってて、もろ映画のヒーローやんか
・作家、アーティスト、芸人かてそうや。かっこええやつは孤独なんや

ベタベタのベタで、ロマンチックに浸ります。ナルシストというスパイスを忘れずに、中二病丸出しで、「かわいそうで孤独なボク・ワタシ」にいっそ酔いしれてみる。

アホくさいやり方かもしれませんが、これは案外、覚えておくと役に立ちます。

なぜって、「生きるとはなんだ?・」とまで突き詰めて考えてしまったら、さびしさ

の沼の底を覗き込むことになる。覗き込んだら最後、にゅうっと出てきた手に引きずり込まれます。孤独の沼は、金魚がぽちゃぽちゃ泳いでる庭の池とはわけが違います。

そうやって命を絶つくらい、人は弱いし、孤独です。


人というおにぎりの真ん中にある、孤独。

生きるという真ん中にある孤独は、誰にも手が負えない、言葉にさえできないつらいもんです。

だから、自分が孤独なことはしっかり知りつつ、大切なことだからこそ、それを見つめすぎない。とりあえず、うっちゃっておくのがいい気がします。

ロマンチックに酔っているうちに、おサルの人形がシンバルを鳴らすような、どうでもいいバカバカしいことで、ふっと息が抜けます。

そのうち、「落ち込んでて孤独な俺、なぜか水了軒の幕の内弁当、ぺろっと完食してるやん。このぱらっとかかった黒い胡麻と、鮭と卵焼きの普通のが、なんともええな。腹一杯になったし、トイレでも行っとこか」と、なります。トイレで用を足していたら、そりゃあロマンチックは終了です。

「なんや、弁当食べてトイレ行って、気分が変わるという単純な話か?」

そう思う人もいるかもしれませんが、僕たちの暮らしって、普通のことの繰り返しです。そうやって自分のリズムができると、ほっと落ち着けます。歳をとればとるほど、平凡が一番幸せだなあと感じたりもします。

## 孤独を見つめすぎない

「みんな一人で生まれて、一人で死ぬ」

居酒屋のトイレのカレンダーなんかに、筆文字で書いてあります。

まあ、その通りで、死ななかったら化けもの。アインシュタインも織田信長も死んでいますし、誰だっていずれは死にます。

孤独や死は、人類の壮大なテーマだからこそ、見つめすぎない。

「そりゃそうだけど、風呂に入る、眠る、飯を食う、ウンコをする」

このくらいの距離がいい。孤独は抱えつつ、ちらっと横目で見るくらいでぼちぼち行きましょう。

## 03

# 競争しようとしない

「大﨑くん、就職せんでもええで。私、食べさせてあげるから」

同級生の女の子にこう言われた大学4年生の時、よぎった気持ちは「ああ情けない」ではありません。それどころか思いっきりの笑顔で僕は言いました。

「うん、頼むわー！」


あの頃は、サーフィンに夢中でした。

1970年代後半、アメリカのウエスト・コーストのカルチャーが大流行していました。1976年に『ポパイ』が創刊され、1978年に『勝手にシンドバッド』でデビューしたサザンオールスターズは「砂まじりの茅ヶ崎」と歌っていた……ザ・昭和な話です。

きっと六本木や湘南ではおしゃれでイケてる人たちが、ポパイに載っていそうな服を着て、きれいな女の子とビールを飲み、波を見つめていたのでしょう。

大阪人の僕が毎日のように通っていたのは、かっこよさからは程遠い、伊勢志摩の海にある安乗（あのり）海岸です。だいたい、サーフィンを始めた動機からして暗かった。

たまたま堺にあるなんでも屋で、ぼろぼろの中古サーフボードを見つけました。ベージュにオレンジのラインが入ったもので、先っちょが折れてガムテープで補修されています。状態が悪いために、僕のバイト代でも買える値段でした。

サーフィンが日本に上陸して間もない頃で、いち早く始めたのはおしゃれな人たち。大学にも附属高校から来たちゃらいサーファーが出没していたのです。

僕だってアメリカ西海岸の匂いがする『Made in U.S.A』を聖書みたいに読み込んでいたけれど、おしゃれサーファーたちとは一線を画していました。

なぜって、サーフィンを始めた理由が「かっこいい」ではないんですから、気が合うはずもありません。中学で水泳をやっていたので結構泳げるし海が好きだというのもあったけれど、何よりも、

「仲間がいらない」

というのが気に入りました。

2浪した僕は年が上というのもあって、明らかに大学で浮いていました。みんなと同じノリで楽しめないから、あえて「誰もやってないサーフィンがおもろいねん」と逆張りで始めたら、まんまとハマってしまったという感じです。

「グループじゃなく一人でできるし、自然と一対一というのもいい。誰ともしゃべらなくていいし、人とも会わなくていい」

海で顔を合わせる地元のサーファーは3人だけ。太陽まぶしいカリフォルニア風味とは出発点が違っていたせいか、仲間はできませんでした。

波乗り用のウエットスーツもない時代に、伊勢志摩の海女さんが着ている5ミリの分厚いウエットスーツを3ミリにアレンジして、一人でひたすら波乗りをしていました。

お腹が空いたら浜に上がり、持参の固形燃料と鍋で「サッポロ一番みそラーメン」をつくる。近くの畑でいただいてきたキャベツをちぎって放り込み、当時発売されたばかりのチューブのニンニクを入れたら、もう、野菜ましましの大ごちそうです。

「一生、こんなふうに続いたらいいな」と本気で思っていたのは、半ば就職をあきらめていたからでした。

## 海のそばで銭湯でもやるか

「就職氷河期世代」と言えばバブル崩壊後の1993年から2000年にかけて就職した人たちですが、僕は氷河期の〝第一世代〟です。

中東情勢の悪化で世界中の原油不足と原油価格高騰が起きた「オイルショック」。まだ生まれていなかった人も歴史で習ったかもしれません。経済状況は悪くなり、就職は相当に厳しかった。しかも2浪して入ったのは私立大学の文系。ちゃんと勉強していればなんとかなったのでしょうが、僕の「優」はたったの4つ。

「俺はアホで、成績は最悪やし、就職先のアテもないし、そもそも就職する気持ちがない。誰かが養ってくれるなら、それはそれでええ人生やないか」

「食べさせてあげる」と言ってくれた同級生の女の子は、いち早く立派な大手銀行から内定をもらっていました。

「ただ養ってもらうのは悪いから、俺は海のそばで古本屋か銭湯でもやるかな。〃つげ義春がサーフィンをやる〃ってなもんや。朝から海に入って波に乗って、昼ぐらいに上がってきたら一番風呂や。そのあとは古本を読みながら、夜までぼーっと番台に座ってたらええ。よし、もう絶対それする！」

24歳の若者にしては、いや24歳だからか、かなりの脱力系です。

今の僕は脱力系と程遠い仕事人だと思われているでしょうし、実際、そんな言動もしています。それでも一皮剝(む)けば、24歳の顔がどこかに残っています。

## 競争が大嫌い！

人は大人になるにつれて、仕事の顔やら上司の顔やら親の顔やら、とりあえずそれっぽい顔を貼りつける必要が出てきます。最初は「なんでこんな顔せなあかんねん？」と思いつつ、縁日で売っていたキツネのお面みたいなものをとりあえずかぶってみる。お面をかぶって、周りに合わせてそれっぽく振る舞っていると、おや不思議。いつの間にかお面が、自分の顔になってしまうんですね。

だからと言って、もともとの顔が消えるわけではありません。

みんなは知らない。

自分でも忘れている。

でも、素の自分は、何重もの大人の仮面の陰でひっそり生きている気がします。


素の自分について考えると、何が好きで何が嫌いか、そんな話になってきます。

僕が好きなものは銭湯、豆腐、アジアの薄暗がりの雑踏、文庫本。

嫌いなものは、ものすごい怖がりなのでお化け、人との別れ、そして競争です。


学校というのはえげつないもんで、学問とか運動とか音楽だけじゃなく、競争を教える場所でもあります。成績が一番いい子、かけっこが一番速い子、歌が一番うまい子。何かにつけて「一番」を決めようとします。

そんな中、僕は一番に程遠い、からきしダメな子でした。マラソン大会はいつもビリかビリから二番目。中学の時は体操着にこっそりお菓子を忍ばせ、「走りながら食べたらおいしいんちゃうかな」と、謎の実験をしていました。

そんな調子なので、ビリだろうが問題なし。あの頃は、マイテーマを楽しんでいるつもりでしたが、競争させられるのが嫌だったのだと思います。

## 「それがねえ……大﨑くんにはいいところがひとつもない」

「大﨑くんに行ける学校はありません」

担任の先生から開口一番、そう言われたのは中学3年生、高校受験を控えた三者面談でした。

「10段階のこのへん」と先生はぱっと両手を広げ、右から左に並べた10本の指で、くいくい動いているのは左手の薬指と小指。

つまりは下から数えたほうが早く、性格と言えば、周りに流される付和雷同型。僕は「確かになあ。そりゃそうや」と素直に納得したのですが、母は違いました。

「先生、そうおっしゃいましても。私も幼稚園で働いていまして、園児一人ひとりに何か良いところをひとつでも見つけようと、長年がんばってきたんです。だから、この子かてひとつくらい……」

「あー、そうですよねえ。でも、大崎くんには、そのひとつがなんにもないんです」

先生の言葉に、母はうつむいて教室から出ました。悔しいのか情けないのか、両方だと思いますが、正門から出られず、運動場をぐるっと回って裏門から帰りました。

気まずい僕はずんずん前を歩いたものの、後ろからついてくる母の顔は気配でわかりました。ちらっと振り返ると、案の定、目にいっぱい涙が溜まっています。

「あかん、お母ちゃん、泣かせてもうた」

授業中は落ち着きがなく、宿題は放置。母は出来の悪い息子に心を痛めていました。

ごく普通の家でしたが、家庭教師までつけてくれたのです。最初の先生は母親の弟、つまり僕の叔父で、小学校の先生をしていました。次が大阪府立大学の学生。年齢もタイプも違う二人の先生は、どちらもこう言って匙を投げました。

「本人にまったく勉強する気がないので、限界を超えました」

知識を吸収しようという意欲がない。みんなに負けて悔しくないのかと言われても悔しくない。学年で一番がすごいとか、学年でビリなんてひどいとか、そういう感覚が理解不能。全然わからないのです。入りやすい新設の高校になんとか入りましたが、バイトに明け暮れていたので卒業後は当たり前のように浪人です。

「勉強せなんだら、大学入られへんのは当たり前やな」

本人としては深い納得でしたが、母は「大学くらい出とかな」と、予備校に行かせてくれました。そこで一念発起……せずに、だらだら遊んでいました。

「このままじゃ3浪や。よく考えると高校に2回行ったことになってしまう。でも、合格できる大学はない。さすがにまずいわ」

ようやく尻に火がついたのは2浪してからで、そもそも勉強のやり方がわからない。「1600年が関ヶ原の戦いだと覚えろって、ノートに『関ヶ原』と100回書くんか？　100回声に出して言えばいいのか？」というレベルです。そこで岩田昇くんという同級生に勉強のやり方から教わり、なんとか大学生になれました。岩田くんは授業を聞いているだけで国立大に合格した、頭がいい人でした。

僕は競争社会から見放された、いいえ、最初からはみ出していたのでした。

## 低空飛行で吉本興業へ

「受験戦争が終わったと思ったら、また就活で競争か」

当時は各企業が協定を結んでおり、10月1日が就活解禁日でした。どん底の不景気だからと同級生は必死になっているのに、僕がのんびり構えていたのはその必死さに乗れなかったからです。

結局、吉本興業に就職することになったのは、数少ない友人の甲斐くんが「俺はナべプロを受ける」と言い出したことがきっかけでした。

「キャンディーズが所属してた、あの渡辺プロダクションか!?」

地方出身で、1年中白いカッターシャツを着ている野暮ったさ。僕とつるんでいたくらいですから冴えない甲斐くんが、芸能界で働くというのがピンと来ません。それなのに釣られて「ほな、俺も就職するか」と、解禁日をとうに過ぎたある日、たまたま掲示板で見た吉本の面接を受けたのですから不思議なものです。

「お母ちゃん、俺、吉本興業に入るわ」

僕の言葉に驚きつつ、母も応援してくれました。当時通っていた手芸の先生が、偶然にも新喜劇の名俳優・花紀京さんのお姉さんだったんです。

そのツテで、僕は杉浦エノスケさんに会いに行きました。近代漫才をつくったエンタツ・アチャコの横山エンタツさんとコンビを組んだ漫才師で、喫茶店で受けたアドバイスは「芸人にだまされて、お金を貸さないように」。

そんなこんなで、いざ吉本の就職面接。僕が聞いたのはたったひとつ、休暇についてで、「休みは月に何回ありますか?」。それに対して「こういう会社だから土日は出勤。奇数月は7回、偶数月は8回休みが取れる」という答えでした。

「スーツじゃなくジーパンにTシャツで仕事ができて、デスクワークでもない。一月のうちの3週間働いて1週間休み、これはいいわ。3週間大道具さんの力仕事を手伝えば1週間は海に行ける。好きな漫才や新喜劇、映画もタダで見られるんとちゃうか。よっしゃー、吉本や!」

ずいぶん勝手な解釈をし、世間知らずのノリだったにもかかわらず三次面接まで行って、無事入社となりました。アホな僕が実力だけで入れたはずはないので、「半分コネ入社」といったところでしょうか。やる気は低空飛行のまま、お気楽そのものの新入社員でした。

## 「おまえはアホやから、人の倍して人並みや」

吉本に入社した僕の直属の上司は、木村政雄さん。横山やすし・西川きよしのマネージャーを務め、豪腕で知られる「鬼の木村」「ミスター吉本」と称された人物です。真っ赤なセーターから覗く白シャツの襟はやたらとデカく、合わせているのは白のパンツ。カルティエの臙脂色のバッグから取り出したのは、デュポンの金ピカのライターで、それをパチ、パチと鳴らしています。

「今年、入社した大﨑です。よろしくお願いします」

なんば花月のロビーで木村さんに挨拶をしたら、僕の顔もろくに見ずに、一言。

「大﨑、君は出来が悪いから、人の倍して人並みや。同期に勝とうと思ったら、3倍仕事しなさい」

「はい!」と口では答えたものの、「なんで競争せな、あかんねん」というのが本心。

その後も競争させられるのがイヤで、避けて、避けて、逃げ倒していました。

「あの子に負けないように、もっと本気でやりなさい」

勉強なら、テストの点数や偏差値。

スポーツなら、タイムやら得点やらの数字。

子どもの頃の僕は、「がんばれ、がんばれ」と競争をけしかけてくる大人が嫌いでした。まさか自分が大人になって会社に入っても、競争をけしかけられるとは！

無気力そのもので、卒業の時の第一希望は「女の子に養ってもらうこと」だった人間が、会社員になったとたん変身できるわけがありません。「いつか同期を蹴落としてやる。先輩も抜かしたる！」なんて野心は、どう転んでも湧いてきませんでした。とはいえ、「俺は俺や。自分の道を行く」というほど、かっこいいタイプでもないわけです。会社員ですから、同僚がいい仕事をすれば、耳に目にちらちら入ってきます。

3人いた同期の一人は京大文学部英米文学科卒で、ロンドン留学も経験して専門はシェイクスピアというエリートの田中宏幸くんでした。お笑いが大好きで吉本に入った経緯もあり、クリエイティブな部署に配置されていました。

もう一人の同期の水上くんは伝説の漫才師・横山やすしさんのマネージャーになり、本番5秒前に「今すぐ近所のスナックから、水割り持ってこんかい！」という指令を出される日々に翻弄されていましたが、大スターの横山さんを任されたのは会社に評価されたということでしょう。それなのに、僕は……。

「まずいな、俺もなんかせな、あかんか」

## 人に頼まれるとがんばれる

笑福亭仁鶴師匠のサブマネージャーとなり、厳しいミスター吉本の木村さんの下で走り回っていた若手社員の僕に、声をかけてくれた芸人もいました。

「大﨑さん、こんなん考えてるんやけど、おもろい？　どう思う？」

「この企画、一緒にやれへん？」

最初は、びっくりしました。

「え、自分らもう、売れっ子やし。なんで俺にそんなん聞いてくれんの？　わかってると思うけど、俺アホやで！」

それでも、声をかけてもらったことが新鮮で、感動して、うれしくて。

無気力ぶりが嘘みたいに、頼まれたことは一所懸命にやりました。

「俺みたいなやつに言ってくれるんだったら、ありがとう、やらせてもらいます」という感じ。心の中で、「俺でええの？　俺なんかでええの？」とずっと思っていましたが、それでも、頼まれたこと、頼られたことがすごくうれしくて、がんばれたんです。

ダウンタウンの〝マネージャー役〟を務めたのも、声をかけられたから。

「大﨑さん、俺らのこと、どう思います？」

「おもしろいよ。人とちょっと違う角度で、ごっつええわ」

「そんなら、なんで俺ら、売れへんのですか！」

まだ10代なのに、大人が怯むくらいのつよい目をした松本人志くんと浜田雅功くん。彼らに、世の中のやつはなんでわかってくれないんだろうと言われ、

「ほんまやな。そんなら俺がマネージャーしよか」

と引き受けただけのことでした。頼まれごとに、勝ちも負けもない。ただし、命のちょっと手前くらいは賭けていました。

## 幸せって、なんやろか

「人生は勝ち負けではない」

これはよく言われることです。それなのに、僕たちは幸せまで「勝った・負けた」に当てはめ、人と比べます。

・世間の平均より高収入。資産が何千万もある
・同期で一番いい仕事に就いている
・美人・イケメンだし、モテる

こんな具合にいつも横を見て、誰かと比べて競争して自分を測ってしまいます。な

んやろな、と不思議です。比較って、人間の習性なんでしょうか。
また、「幸せってなんだろう?」と考える時、大きな成功を挙げる人もいます。

・自分の担当する商品が大ヒットした!
・会社をおこして大儲け、有名人になれた!
・大豪邸を建てた!

だけど、仕事の大成功が幸せかと言えば、僕は「そやろか?」と首を傾げます。
世界一のお金持ちが、世界一の幸せ者というわけではありません。

これまでの僕が、頼まれたことを一所懸命にやった中で、ダウンタウンは相当にうまくいった例ですが、うまくいかなかった例のほうが圧倒的に多い。
うまくいった例だって、当然、自分一人の力ではありません。まずは芸人自身の力ですし、運もあればタイミングもある。できることは全部やっても、結果が出なかったことのほうが多いんです。

「仕事の競争に勝てば成功で、幸せになる、ってのは無理があるな」というのが実感です。そもそも幸せって、成功とは関係ない気がします。「成功より、笑った数が多いほうが幸せ」という人はたくさんいます。

・お金がたくさんほしい人・そんなにいらない人
・仕事をとことんやりたい人・暮らしを楽しみたい人
・結婚したい人・したくない人
・子どもがほしい人・ほしくない人

みんな、「どうしたいか」は違っています。幸せなんて、人によって違う。
目指すゴールが違うのに、競争したところで意味なんかありません。

## 幸せは「毎日のちっぽけな楽しみ」で測る

誰かよりたくさん持っていたら幸せ。

平均よりうまくいったら幸せ。

70年近く生きてきて、新入社員だった24歳の自分と答え合わせをしてみると、「やっぱり、競争はくたびれるなあ」と、深くうなずきたくなります。


競争が苦手な僕ですが、幸せです。

「たんまり隠し財産がある」というわけじゃなく、勝ち負けと関係のない〝小さい幸せ〟を喜ぶ習慣が身についているからです。

たとえば、朝起きて、習慣になっている体操をし、たばこを吸って、「今日は朝マックにしとこか」とぼちぼち出かけて、ソーセージエッグマフィンとコーヒーを注文。一瞬、健康のことを考えてためらってから、やっぱり大好物のハッシュポテトもつけて「ああ、やっぱりうまい」と思う時、幸せです。

日中にトラブルだの事件だのが勃発し、「やっぱー。まいったなあ」という日もあります。

そんな日は頭の中の99%で仕事のことを考えていますが、1%は余裕がある。その1%は、何を思おうと自由です。

その1%を使って、「こないだ食べた富士そばのカレー、うまかったな。そや、仕事終わったらあのカレーを食べて、銭湯に行こか」と決め、1日を乗り切る。

予定通りに蕎麦屋、銭湯と足を運び、風呂上がりにぼんやりコーラを飲みながら、「何も片づいとらんけど、まあ、今日も終わりやな」と思う時は、なんとなくいつもの自分に戻っています。

・情けないような、小さいこと
・簡単で、すぐできること
・自分が素直に好きなこと

生きがいとか、誰にも負けない何かとか、自分にしかできない貢献とか。

そんな立派な、素晴らしい、たいそうなことでなくていい。

毎日のちっぽけな幸せを感じられるようになれば、軸が自分に戻る。自分の内にあるものが、おぼろげながらわかってきます。

セコくても、出来が悪くても、自分は自分です。ささやかな楽しみを見つけながら、ぼちぼちやっていけばいい。安いB級の定食を食べても、高いイタリアンやフレンチを食べても、何を食べてもおいしいと思うその心が大切です。

僕の願いは僕の願いで、他の誰かと取り替えることはできないんです。

だから、比べても意味がない。競争はもう、「しないこと」「関係ないこと」になるんじゃないでしょうか。

## 競争しようとしない

思い出してみれば、僕がサーフィンにハマったのも、相手が波だけで、競争相手がいなかったというのも大きいようです。

今でこそ立派な国際大会もありますが、僕がサーフィンを始めた頃は国府の浜の長いビーチに自分以外に地元の子が2、3人いるだけ。人が少ないので波の奪い合いをする必要すらなく、それぞれただ海にいるのが性に合っていました。

若い24歳の僕が気づいていなかったことを、大人になった今の僕は知っています。

死ぬ直前に見るという、頭の上をクルクル回るその「人生の走馬灯」に、どんな絵が映るかは人それぞれ違うでしょう。

最後はみんな、走馬灯。これは悲しいことではなく、「まあ、ええやん」と、肩の力を抜くおまじないです。そして、「生きてる間を、競争なんかに使ったらもったいないやん」と、自分に伝える方法でもあるんです。

# 04

# 限界まで
# がんばろうとしない

「職場のみんなから好かれていない」

「自分から話しかけられないので、仲間ができない」

こういう悩みって、古今東西、消えないみたいですね。


特に面倒くさいのは、なんとなく決まっている「暗黙の裏ルール」です。

これは人間関係とぐちゃぐちゃに絡まり合っていて、会社にも学校にも、地域にも村にもある。幼稚園からスポーツジム、老人介護施設まで、あらゆる場所に存在するのではないでしょうか。

たとえば会社だと、たとえいい企画でも上司の好みでないと、「なんかピンと来ないなあ」という一言でボツになってしまうことがあります。発言力のある人が認めないと無理という、「暗黙の裏ルール」が原因です。

大きなプロジェクトに挑戦したくても、「専務派VS.常務派」みたいな社内政治のくだらない綱引きに巻き込まれ、うまくいかないケースもあります。これも力のある派閥に根回ししておく、という「暗黙の裏ルール」が影響しています。

もちろん、仕事でがんばるという時に自分一人でできることは限られていますから、「職場のみんなに嫌われている」とか、「頼れる人が誰もいない」という状態では、なかなかいい結果は出せません。

仲良くできるなら、仲良くしておいたほうが、「暗黙の裏ルール」をかいくぐりやすいでしょう。

でも、人間関係の駆け引きって、ものすごく消耗します。「会社と言っても、たまたま集まっただけや。１００人くらいの集団で、部長や課長に気に入られたいなんて、バカみたいな話や」

そう考えた僕は「みんな仲良し作戦」はあっさり捨て、いくつかの対策を立てていきました。

## 「嫌われている自分」の対処法その1

「私はどうも、浮いている。好かれてない」

こういう自覚を、ぐうっと煮詰めると、「その集団の中で異質である」ということだと思います。周りと違っているから浮くし、好かれないし、嫌われるし、「暗黙の裏ルール」に引っかかるわけです。

仮に中学生のタカシくんが、嫌われている当事者だとします。

会社だろうと学校だろうと、主流派の「みんな」の視点で見ればタカシくんは異質です。逆にタカシくんから見れば、主流派の「みんな」のほうが異質です。

異質と異質で、どう中間点をとって答えを出すかを考えてアプローチするのもひとつの手です。

・お互いが違うことを知る
・「みんなが正しいか、タカシくんが正しいか?」という考えをやめる
・みんなとタカシくんの「落としどころ」を見つけて、新たな答えを出す

世界的な経営学者で一橋大学名誉教授の野中郁次郎先生に教わった考え方です。先生は「経営の本質」という連載で、吉本の地方創生プロジェクトを取り上げ、こんな記事を書いてくださいました。

——大﨑氏は動の人だ。動きながら感じ、感じながら考える。それが暗黙知となる。その暗黙知を人と共有し、共感を得てコンセプトすなわち形式知にし、事業にまとめ上げていく。そのプロセスはわれわれの言う知識創造モデルそのものだ。（中略）大﨑氏は言葉の人でもある。会話していると、不適材適所、一番組一起業といった魅力的な言葉がポンポンと飛び出す。その背景には相当量の読書があるはずだ。

大﨑氏のイノベーターとしての優れた素質は、芸人のマネージャーとして、漫才という芸に、長く関わってきたことでも磨かれたのではないか。

その漫才は2人の会話だけで成立する。それも同質ではなく、ボケとツッコミという異質な2人だ。甲が発した言葉に乙が突っ込み、対立をはらみながら会話が展開し、最後は弁証法のように発想が飛び、意外な結論が導き出される。

『リクルート・ワークス　2022年2月・3月号』より

さすが野中先生という鋭い指摘で、確かに漫才というのは、ボケとツッコミがそれぞれまったく違う意見でなければ成立しません。ボケの勝ちでもなければツッコミの勝ちでもない、思いがけない「オチ」がついてこそ、笑いが生まれます。

「自分は浮いていて、みんなに嫌われている」という悩みの解決法として野中先生の考察を応用するなら、自分の異質さ、みんなとの「違い」をおもしろがることです。

たとえば、お笑いのネタを考えている漫才師になったつもりで、自分を客観的に見てみます。

「ああ、こういうところがみんなと違うんだな」というところが見えてきたら、「だから嫌われて浮くんだ。周りに合わせよう」と思うのではなく、違うままの自分をおもしろがってみるんです。

「自分がボケて、周りがツッコんで、さて、どんなオチがつくだろう?」と。

最近よく言われる「多様性」というのも、お互いの違いをおもしろがることから生まれると僕は思っています。

また、不安や悩みがあっても、それをおもしろがることができたら発想力も構想力も育ちます。だから毎日の生活の中でおもしろがることが大切なんです。たった一人で〝夢見る力〟が大事なんです。

そういうわけで、「異質な自分をおもしろがり、相手との関係を漫才のボケツッコミのようにイメージし、意外なオチを考える」。そして笑う、笑ってごまかす、笑い飛ばす。これが「嫌われている自分」の対処法その1です。

## 「嫌われている自分」の対処法その2

自分で書いておいてなんですが、「嫌われている自分」の対処法その1って、すごくいい方法だと思っています。

ただし問題は、難易度がかなり高いこと。不安や悩みで頭がいっぱいだと、なかなかおもしろがる余裕は生まれません。

そこで対処法その2は、布団をかぶって寝ている、というもの。

「布団をかぶって寝る」といっても、夏は暑くてかないません。僕が言いたいのは、「気楽に考えて、何も手を打たずにうっちゃっておく」

というやり方です。

「えっ、それって対処してないんじゃや？　あきらめろってこと？」

そんな誤解をする人がいるかもしれませんが、もちろんそうではありません。

なぜって、人も世間も変わるからです。良いほうから悪いほうにも変わるし、悪いほうから良いほうにも変わります。自分は何もせず、うっちゃっておくだけで、状況や相手のほうが勝手に変わってくれることって、案外あるんですよね。

芸人や興行の世界、テレビやラジオ、音楽業界、いろんな人を見てきて感じるのは、一生を通じて「どの瞬間を切り取ってもいい人」は存在しないし、「すべての瞬間で悪人」もいないということです。

横断歩道を渡るおばあさんに、手を差し伸べる泥棒もいます。逆に性格の良いやさしい人が、恋人と喧嘩したショックで周りの人にきつく当たることもあったりするものです。

僕だって、「あれ、俺ってかなり良いやつやん」という瞬間もあれば、「我ながら、えげつないことをしてもうた」という後悔もたくさんあります。

余裕のある時につきあった人は「ええやつ」と言ってくれるでしょうが、余裕がなく厳しいことをした相手は「大﨑は悪人」と思っていることでしょう。善人と悪人、どっちの顔が本当ということではなく、どっちも僕です。

そんなふうにくるくる変わる人間と、人生のある瞬間で出会っただけです。嫌われたところで、どういうことはないと考えてみる。

ましてや、職場や学校やグループの中で浮いていて自分が異質だったとしても、たかだか10人か50人、せいぜい100人か300人の中での「合う・合わない」の話です。地球には80億人も人間がいて、仮に今、80人に嫌われていても確率から言ったら1億分の1。しかもその人たちは、日々変容していく。

だから「不確かなことで悩むほど、バカらしいことはあらへん。布団でもかぶってやり過ごしていたらええわ！」と僕は思うんです。

もうひとつ付け足せば、どんな集団にも「浮かせ上手」が存在します。いじめとは少し違うのですが、ターゲットを決めて、「あいつとはあまりしゃべらないほうがいい」と周りに巧みに広めて誰かを浮かせ、場を仕切る人です。

「最低だな、浮かせ上手って」と怒っても無駄で、直らない癖(へき)です。まともに取り合うと消耗するだけですから、浮かせ上手のターゲットにされてしまったら、やはり「うっちゃっておく」のが最良の策です。

うっちゃったまま、ずっと寝ているのに飽きたら、のんびり、のそのそ起き出してなんとか明るく一歩踏み出せば、どんな人の人生にも思いがけない幸せや出会いが必ず、必ずあるものです。これが「嫌われている自分」の対処法その2です。

## 『4時ですよ〜だ』と2丁目現象

「対処法その1、その2」なんてそれっぽいことを書いておいて、本当に申し訳ないんですが……。本当に追い詰められたら、そんな余裕すらないかもしれません。

僕は心理学の専門家でもなんでもありませんが、学校、会社、何かのプロジェクトなど、自分が今いる場所が苦しくて苦しくてたまらない——そんな時、「苦手な人と食事をする」とか、「開き直って寝ている」という対処ができる人は、悩みの沼がまだ浅めなんだと感じます。

さらに面倒なのは、今いる場所が苦しくなる理由は無数にあること。人から見れば万事うまくいっていて、みんなと気が合って生き生きやっている人が、なんだか本人も原因がわからなくって、苦しくてたまらなくなることもある。若き日の、ダウンタウンの浜田くんもそうでした。

ダウンタウンのデビュー5年目、1987年のことです。

放送開始時こそ視聴率3%程度と低迷していた『4時ですよ〜だ』は、「誰が見るんや?」という大方の予想に反して伸び続け、平均視聴率7%と8%を行ったり来たりした後、夏休みになると10%超え。最高視聴率は14%に届きました。大阪にダウンタウンという圧倒的な熱狂が生まれつつありました。

2丁目劇場の他の芸人たちにもファンがつき、若い女の子がびっしりと客席を埋めるようになると、今でいうタレントグッズの販売も開始。当時は画期的な試みでした。でもこれ、勝手にやっていたので「キャラクターの権利は会社にある」と、儲けをごっそり吉本本社に吸い上げられてしまったので、僕たちの2丁目劇場は相変わらず貧乏でした……。

夏休みになると劇場近くの戎橋にファンがどっと押し寄せて、警察が出動する騒ぎに。番組がスタートした時の、「高い視聴率は無理でも、せめて戎橋の上に若い女の子たちが集まる〝現象〟をつくりたい」という僕の密かな願いは、何倍にも膨れ上がって叶(かな)ったことになります。「2丁目現象」とすべての新聞に記事が出るほどの大きなうねりになり、大阪で「いつ暴動が起きてもおかしくない場所」と言われました。

関西ローカルとはいえ1週間の帯番組ですから、「スポンサー収入だけで、毎日放送の全社員のボーナスが出た!」とささやかれるほどでした。

## 浜田が行方不明!

そんな順調そのもののある日のこと。

浜田くんが突然、いなくなりました。

いつもの集合時間になっても、本番へのカウントダウンが始まっても、劇場に現れないし連絡もない。まだ箱型のものを担ぐような携帯電話しかなく、みんなそれさえ持っていません。自宅の電話も通じないとなったら、完全に行方不明です。

すぐに自宅を訪ねましたがもぬけの殻、実家にもおらず、浜田くんが立ち寄りそうなところを手分けして片っ端から捜したけれど見つからない。どうしよう、どうしようと日が過ぎていきました。


売れっ子芸人が、超人気番組をすっぽかすことになったのです。懸命に捜しつつ、責任者として僕は頭を下げて回りました。

僕だけでなく、スタッフも関係各所に謝りに行きましたが、放送局の人たちは怒るどころか、気遣ってくれました。契約違反とか始末書とか「坊主にして順番にスポンサーへお詫びに回れ」という話になりかねませんが、一切そんなことはありませんでした。

周りのスタッフたちも怒鳴ることもなく、心配してくれました。照明のおっちゃんからファンの女の子たちまで、みんなが2丁目劇場をゼロからつくり上げた「同志」だったからだと思います。

浜田くんの穴は松本くんが一人で埋め、そこに今田、東野、ほんこん、板尾創路、キム兄、若手たち全員がワイワイ盛り上げてしのぐ。本番が終わればひたすら心配し、「えらいことになった、どうしようどうしよう」となって1週間がたった頃。

浜田くんは、ひょっこり戻ってきました。

謝るでもなく、説明するでもなく、戻ってきて、うつむいていた23歳の青年。

誰も浜田くんを責めませんでした。

「何をしていたんだ！　仕事を放り出してどこへ行っていた？」と問いただすこともなく、「どんだけ心配して、捜したと思ってるんや！」と怒ることもなく、ただただ、

「よかった、よかった」

と迎えました。

2丁目劇場の狭い階段の小さな踊り場で、出迎えた僕たち。みんなばらばらと座り、浜田くんも階段に座り、うつむいて無言で涙をこぼしていました。そうなると釣られてみんなが泣き、僕も黙って泣いていました。

## 浜田が消えたくなった理由

今思えば、浜田くんは「やーめた」と抜けたくなったのでしょう。ずっと仕事もなかったのに、突然、売れっ子になった。

「すごいぞ、大人気や！」
「こんな新しくてキレのいい笑い、見たこともない。ダウンタウンの時代だ」

ほめられればうれしいものですが、それは重圧でもあります。
月曜から金曜まで、毎日テレビに出てテンションを上げ続けるのは、ベテランの芸人でも想像を絶するプレッシャー。20代前半の、ちょっと前まで町のやんちゃな兄ちゃんだった浜田くんには想像以上にキッかったはずです。

うまくいく日もあれば「あっ、すべったな」という日もあったでしょう。共演している芸人たち一人ひとりに気を遣ってあげないといけない〝ストレス貯金〟がちゃりんちゃりん。目一杯にはりつめて120％出し切った今日が終われば、すぐ明日の準備が始まります。

土日は営業イベントも他の仕事もあるし、テレビやラジオのレギュラーも増えてきている。売れはじめた芸人にはひっきりなしに声がかかりますから、浜田くんがフッと消えたくなってしまった気持ちを、みんなわかっていました。

## 逃げるのではなく「1回休み」

戻ってきてくれて結果オーライというのもありますが、途中で浜田くんが行方不明になったことを、僕は良かったと思っています。人生すごろくなら「1回休み」です。

人間関係や仕事がうまくいかず、今いる場所がつらかったら、がんばらなくていい。

逆に、人間関係も仕事もうまくいっていたとしても、今いる場所がつらいものになることもあるから、その場合もがんばらなくていい。

がんばり続けるのもしんどいし、完全に逃げるのも勇気がいるから、「避難場所」に一時的にちょこっと行ったらどうだろう？　僕はそう思っています。

・つらい時は「逃げる」のではなく、「緊急避難」する
・少しの間だけ、その場を離れて一人になってみる
・ふうっと大きな深呼吸をして、「戻ろう」と思ったら、また戻る

そういう場所を持っておくと、救われる。これは僕自身の経験でもあります。

## 松本だけに見抜かれた心の内

「大﨑さん、最近ちょっと僕から逃げてるでしょ」

松本くんにぼそっと言われたのは、『4時ですよ〜だ』がすっかり人気番組として定着した頃です。

生放送の本番中の1時間、2丁目劇場をそっと抜け出した僕が向かった場所は、銭湯でした。心斎橋の「清水湯」。20歳くらいから通っていた大好きな場所。

この頃の僕は、行き詰まっていました。毎週毎週、4時から5時まで生放送、6時からイベント、7時からまたイベント、そのあと9時からもイベント……。表に立つ芸人とは違いますが、僕もまた、浜田くんと似たような状況に陥っていたのです。

上り調子であるからこそ、次々と新しい企画を考え、いろんな手を打たなければいけない。お金のあれこれやスケジュール調整も、スポンサーや会社との折衝も必要でした。しかし、それはまあ、いいんです。一番大きな課題は松本くんのことでした。

仕事への飽くなき欲求を持つ松本くんは、より高みを目指しているように見えました。僕としては「世界を狙う!」と最初から感じていた二人です。高みを目指すのは大賛成で、なんとかして東京に連れて行きたい。松本くんならいずれ映画を撮り、本も書けばいいと思っていました。

それでも松本くんは、「大阪にいたい」と言うのです。

「大﨑さん、本を出したり映画をつくったりして世界へ行けなんて、なんでそんな悲しいことを言うんですか。僕は金持ちの家の子やないし、運動神経がいいわけでもないし、ギターがうまく弾けるわけでもないし、特別にハンサムでもない。やっと見つけたのがお笑いなんです。僕はこのお笑いという100メートル走を、何度も何度も走りたい。それなのに大﨑さんが言うてるのは、僕に走り幅跳びせえ、400メートルリレーもせえ、ってことですよね」

ストイックなまでに笑いを考える松本くんだからこそ、そう言うのもよくわかります。松本くんだけではなく浜田くんにとっても、ダウンタウンというコンビにとっても、どのタイミングで東京に行くのがいいのか？

考えても、その当時の僕には答えが出ない、正解を見つけられないことばっかりで、できれば考えたくない。でも結果を出さないといけない。

一人で考えてもなんの答えも出ないとわかっているのに、「考えなきゃいけない」というプレッシャーが何重にも頭にこびりついていて、疲れているのに寝るに寝られない。

そこで、お客さんもスタッフも大勢いる『4時ですよ〜だ』の本番中に、フッと抜け出して、2丁目劇場から歩いて7、8分の清水湯に行っていたのでした。

とりあえず我慢の限界までサウナに入り、水風呂に飛び込んで寒くなるくらいまで浸かり、またサウナに戻ってヘロヘロになる。

この繰り返しで神経をぐちゃぐちゃに疲労困憊させないと、自分自身がもたないというか、身の置きどころがない気がしました。

サウナの高熱と水風呂のキンキンの冷水で何も考えられない。何か考えるどころか、頭が空っぽになり、ただただ我慢する場所。

「みんな裸やなあ。素手やしなあ。戦う武器を持たなかったら、こんなに無防備でぼーっとしてられるんやなあ」

くだらないことを考えている場合じゃないと自分で呆れつつ、考えられることはせいぜいそのくらいで、ひとしきり汗を流すとサウナ室の中のテレビに目をやります。『4時ですよ〜だ』の生放送が、まさに始まっています。

銭湯から出ると、何食わぬ顔をして2丁目劇場に戻り、「本番お疲れさん」と芸人やスタッフたちに声をかけ、会議をする。何十人と働いている中、そっと抜けている僕に気づいていた人もいたと思います。

でも、その奥までさらに見抜いて、「逃げてるでしょ」とぼそっと言ってきたのは、松本くんだけでした。確かに逃げていたのかもしれないけれど、清水湯という名の避難場所があったから、あの頃の僕は精神を保てていたのだと今も思います。

## 避難場所は「自分専用」で

自分専用の避難場所を持っておくというのは、いいもんです。
自分が一人になって、ぼんやりできる場所があると、うまい具合に肩の力が抜けて、
限界までがんばらずにすみます。

「自分の限界に挑戦する」
「最後までやり遂げる」

これはかっこよさそうですが、歯は食いしばりすぎたら砕けます。
限界に挑戦したら、どんなに楽しいことであっても、自分を壊します。
かっこよくて、壊れて、おしまい。
そういうのは、昔の映画の中だけでいいんじゃないでしょうか。

・文句なしに大好きな場所
・ほっと落ち着ける場所
・大勢の中なのに、一人になれる場所
・すぐに行ける場所

1時間だけでも避難場所に行っておいたほうがいいのは、「会社でうまくいっていない」とか「職場のみんなに嫌われている」など、つらい時だけではありません。

何もかもが順調にいっていて、むしろやる気に満ちてがんばっているような時、それがプレッシャーとして逆流し、襲いかかってくることって案外あります。

絶好調の波に、溺れる不思議。

人生の波の高さ、こわさ。

限界を恐れず高い波を乗りこなせるほど、上手なサーファーばかりじゃないと思います。

清水湯は僕にとっていまだに避難場所であり、半世紀通い詰めています。日本でナンバーワンの銭湯だと思っており、あまりに好きすぎて、自宅が宝塚にあるのに「清水湯に通うための狭いワンルーム」を借りていた頃もあったほどです。

サウナの温度。
サウナを出てさーっと汗を流してから4歩という、水風呂までの距離感。
どぶんと浸かると鳩尾くらいまでの、絶妙な水風呂の深さ。
井戸水の清らかさ。
いい塩梅のお湯加減。
湯船のヘリに後頭部をつけた時の、角度。

何もかもがぴったりで、清潔感といい、雰囲気といい、隅々まで完璧で、今は年に数回しか行けませんが、行ったら女将さんから声がかかります。
「大崎ちゃん、元気？　石鹼、これ使い！」

別に銭湯やサウナに限らず、今時の人ならカフェでもいい。小さな公園のベンチや図書館でもいい。「大勢の中なのに、一人になれる」って意味では、劇場も悪くないですよ。

いい避難場所、見つけておいてくださいね。

# 05

## 白黒はっきりさせようとしない

大阪と東京を行ったり来たりで暮らしてきたので、ときどき「どっちが良いか」と聞かれます。

生まれ育った大阪はもちろん好きで、そこは絶対、揺るがないというのは確かな話。さらに言えば「東京に舐められないぞ！」と強烈に思っていた時期もあります。

たとえば2丁目劇場や『4時ですよ〜だ』が始まってしばらくした頃がそうでした。ダウンタウンのようなすごい才能と出会い、自分自身が番組プロデューサーとしてゼロからかかわって、「まったく新しい笑いを始めた！」という自負もありました。

## 東京に負けてたまるか！

そもそも僕が初めてプロデュースを経験したのは26歳くらいの頃、『明石家さんまのフットワークスタジオ』という大阪朝日放送の番組でした。１９８４年のさんまくんの冠番組です。先生役の明石家さんま、生徒役の地元のじいちゃん、おばちゃん、おじさん、娘さん、野沢直子、村上ショージ、Mr.オクレ、前田政二らが出演する番組。

昼の11時にロケ地の丹後半島・網野町にある廃校になった小学校に到着するはずのさんまくんが、大遅刻して夜に到着するという波乱の幕開けでしたが、めちゃくちゃおもしろかった！　シリーズにもなったのに、視聴率は上がりませんでした。

次にプロデュースしたのは主婦がいろんなことに挑戦する『やったねミセス』という関西放送の番組で、「ディスコのＤＪに挑戦！」という企画では母に出演してもらいました。勢い込んではじめ、思い入れもあったのに、これまた視聴率がまったく上がらず、自分の才能のなさが悔しすぎてギシギシと歯を食いしばっていたら、本当に歯が欠けたことがありました。

この苦い経験があったから、『４時ですよ〜だ』の成功が余計にうれしかったんでしょう。

「無名の若いやつばかり集めた手作りの番組とはいえ、すごいものができたぞ。日本中みんなびっくりするぞ！」

自信まんまんで、東京時代に信頼していたフジテレビの〝ひょうきんディレクターズ〟の5人を大阪に招き、ライブを見てもらうことにしました。違う会社の人たちとはいえ、僕にとっては一緒に『オレたちひょうきん族』や『THE MANZAI』をつくり上げた〝現場の仲間〟という感覚でした。たった一人、飛ばされるように大阪に戻った僕のやり遂げたことを、認めてもらいたかったのかもしれません。

ところが、ライブを見終わった彼らの感想は心をえぐるものでした。

「なんだか古臭いものを見せられたなあ」

情けないやら悔しいやらで、眠れませんでした。

「新しい笑いやすごさが、全然わかってへんねんや。東京のやつらは、大阪を見下してるんや。よし、俺はもう、東京に行けへんぞ。このまま大阪でやったる。一緒に仕事がしたかったら、こっちが東京に行くんじゃなく、あいつらを大阪に来させたる!」

あの夜、無茶苦茶に血がたぎっていたことは確かですが、それはそれ。

その後、芸人たちは東京と大阪を行き来していますし、東京拠点となった者も多くいます。僕にしても、今や東京にいるわけです。

結局、「大阪は最高！　東京はあかん！」という話じゃありません。競争が大嫌いな素の自分に戻る。頭のほうに集まっていた血がすーっと降りてくると、東京のいいところ、桁違いにおもしろいところも「やっぱり、あるんやなあ」と思うんです。

「大阪と東京、どっちがいいか、どっちが上か？」

この問い自体が、意味がないと今では感じています。

上も下もない。

東も西もない。

ただ、東京と大阪はまったく違う。

それだけの話です。

## 浜田と松本のタクシー領収書

どんなコンビもだいたいそうだと思いますが、ダウンタウンの二人も、性格が違う組み合わせです。

たとえば交通費の精算。

いくら人気が出てきたとはいえ、2丁目劇場に出ていた頃はまだまだ新人です。電車やタクシーに乗って家から劇場に来たり、劇場から他の仕事に行ったりする時、全部をマネージャーがフォローするわけではありません。

「ほんなら各自で立て替えて、領収書をもらっておいてな」

すると松本くんはきっちり日にちの順番に1週間分のレシートやら領収書やらを揃え、端をステープラーで留め、「大﨑さん、これ」と、封筒に入れて持ってきます。「〇月〇日から7日分」などと表書きもあり、几帳面(きちょうめん)にやるんです。

では浜田くんはどうかと言えば、1週間たっても2週間たっても何も持ってこない。

「浜田、早よ、領収書！　会社は10日締めやから、今日までやねん。早よ出してくれんと精算でけへん。経理のおばちゃんらにどつかれるんや」

僕が何度も口うるさく催促すると、「えー？　そんなん知らんし」とかなんとか言いながら、ポケットを探り、鞄（かばん）をかき回し、紙切れをぼろぼろ出してきます。

「浜田、これあかんわ。おまえ、どっかのお姉ちゃんに指輪かなんかを買うたやろ。それも同じものを3つ。こんなん経費で落とされへんから。ガムの包み紙は交ぜるな、すぐに捨てとけ。それになんやこれ。ツレとの飲み食いやな。それも去年の日付やん。これもあかんやん！」

ようやく「梅田交通」とかすかに読めるタクシーらしきレシートが出てきますが、シワシワのくちゃくちゃで、いくらかかったのか数字が消えかけている！

小学生からの幼馴染とはいえ、二人の性格はまったく違いました。

## ダウンタウン解散の危機!?

皆さんがテレビでご存じの通り、ダウンタウンは極めてつよいキャラの二人ですし、「芸人は仲良しこよしではいられない」というのは、わりに知られている話だと思います。芸となったら真剣ですから、いくら相方でも二人の意見がぴったり一致するというのは不可能なこと。

「誰がなんと言おうと、俺はこれがおもろいと思う！」

才能が認められ、花開いていくダウンタウンも、時として意見が食い違うこともありました——というのは、ずいぶんとぼやかした、かっこつけた書き方です。殺到する新番組や特番、CMのオファー、雑誌やテレビの取材、レコードやドラマの出演依頼。ものすごい数ですし、かかわるスタッフも企画もさまざまです。どれを受けるか受けないか、真剣であるが故に松本くんと浜田くんが意見を異にすることは珍しくなく、『ガキの使いやあらへんで！』なども実はそうでした。

「浜田にこんな企画をやらせたらダメになる」

「松本にこれは合わない」

どっちも相方のことをつよく思ってのことなので、意見が分かれると大変でした。

「このまま喧嘩別れで、ダウンタウンは解散か」というヒヤリとする場面は、幾度となくありました。

## 「白黒つける」は本当に正しいのか？

白か黒。意見がまったく対立してしまった時には、どうすればいいのか？

これって、学校や会社や家の中でも、ものすごくよくある話だと思います。

「紅生姜のない牛丼なんてありえへん」

「牛丼に紅生姜を載せるのは邪道や」

こういう他愛のないものだけでなく、「環境を守るのか、経済の活性化か」といった、もっと難しい問題もあります。

特に今は、白黒はっきりさせるのが大流行です。

「エビデンスからしてAの治療法が正しい。Bは科学的根拠がないから間違いだ」

「恋愛は自由だけれど、不倫は大犯罪だ」

「それはあなたの個人の感想ですよね。証拠を示してください」

なんでもかんでも白チーム、黒チームに分かれて、どっちが正しいかはっきりさせようとする。何が善で、何が悪で、何が正しく、何が間違っているかを、いろんな証拠だの科学だので整理整頓しようとします。

それを「論破!」なんてやる人もいて、「いやあ、頭のええ人や。芸風として成立してはる」と見ていて感心するのですが、現実の世界はまた違います。

白黒つけるというのをやりすぎると、関係が壊れたり、何かが失われたりしていくことは、案外たくさんある気がします。

## 三人目のダウンタウン

ダウンタウンの二人が「白VS.黒」になってしまった時、僕は割り込むことにしていました。

まずは浜田くんと松本くんのどちらか一人と一対一で話すのです。

「なあ、松本どうする？　おまえは黒がええと言うし、俺も同じ意見やけど、浜田は白やと言ってる。どうしようか？」

「大﨑さん、そんなん無理ですわ。黒やと言ったら黒や！」

「そうか。そりゃそうやな」

まずは意見を聞いてガス抜きをし、次に浜田くんと同じやりとりをします。

「なあ、浜田。おまえが白がええと言うのは、俺もようわかるわ。そやけど松本は黒がええと信じとんねんな。どうしようか？」

「大﨑さん、そんなん無理ですわ。白やと言ったら白や！」


この八方美人的行ったり来たりを根気強くやっているうちに、だんだん二人の心はほぐれてきます。

「なあ松本。黒はいいんやけど、ほんのちょっとだけ、白も混ぜてみいひん？　限りなく黒に近いグレーにするんや」

「グレーですか？　大﨑さん、それは無理やないかな」

松本くんが突っぱねたら、今度は浜田くんのところに行ってこう話します。

「なあ浜田。松本が言ったわけでなく、これは俺の勝手な意見やねんけど、松本は黒でなくグレーはどうかなと考え始めているようや。どないや？　ちょっとグレーっぽい白でも、問題ないんとちゃう？」

「グレーっぽい白なあ。まあ、松本がええ言うならええですけど」

浜田くんの言質をとったら、またまた松本くんのもとへ。

「このあいだ俺、グレーはどないやと聞いたやろ。浜田もグレーでＯＫやと言ってる。なあ、松本の真っ黒に、ちょこっとだけグレーの斜め線、入れたらどないや？」


意見が対立した場合、どうするか。今のマネージャーや芸人は、みんなで集まって話し合って決めるようですし、ダウンタウンの場合も本当は二人で話したほうが話が早かったのかもしれません。

しかし結果論とはいえ、僕の心配性ゆえに編み出したこのやり方でしのいできた実感もあり、少なくとも二人が大喧嘩になって、「コンビ解散や！　もう吉本辞めじゃ！」という最悪の事態が訪れることはありませんでした。

なんとしても仲違い(なかたが)をさせてはならない――僕は浜田くんと松本くんを「奇跡の最強コンビだ」と信じていたし、うまく落としどころを決めて良い方向に持っていくところに、自分の役割があると思っていました。

コンビ二人の中に入り込んで、三人の関係になる。浜田くんと松本くんは「俺ら二人でダウンタウンだ」と今も昔も思っているだろうし、実際にその通りです。

それでも、2年間にわたって松本・浜田に密着取材をした吉本公認の本『ダウンタウンの理由』（集英社）の中で、著者の伊藤愛子さんは僕について、こんな表現をしてくれました。

「三人目のダウンタウン」

ああ、自分の役割がわかってもらえたなと、たまらなくうれしかったことを覚えています。

## 完全な人間などいない

僕は笑いの才能というものを信じています。

音楽で、小説で、演劇で、絶対的にその意見が正しい天才もいるかもしれません。

でも、大抵の場合、完全な人間はいないんです。

すべてのことが「白が絶対に正しい」「黒が絶対に正しい」ということも、現実の世界ではありません。お笑いではトップクラスのダウンタウンであっても、そうだと思います。

「絶対だ」と思っても、それは自分の主観です。相手の主観とは異なり、相手は相手で「絶対だ」と思っている――当たり前の話です。

・白という自分の主観を知る
・黒という相手の主観を知る
・自分と相手の人格や立場が違うことを知る
・白は黒を、黒は白を理解する
・白と黒の中間「グレーの答え」を考え出す。あるいはグリーンかも、ピンクかも、と考えてみる

こんな「七色の練習」をすると、自分を知ることができるし、相手を知ることもできます。その結果、無意味な対立をすることもなく、落としどころが見つかる。これは課題解決ということだと僕は解釈しています。

## 「七色の練習」をしてみる

ちょっと応用して、自分自身の中でも七色の練習は可能です。

・A社に入りたいという希望
・A社に入るのは無理だという現実
・希望と現実の中間の「落としどころ」は?

さらに応用して、他の視点はないかと七色の練習をしてみてもいい。

・大学を出ておかないとダメだという世間の常識
・お金がなくて無理だという現実
・常識と現実の中間の「落としどころ」は?

落としどころに正解はありません。でも、この繰り返しによって自分自身への理解は深まるし、相手のことを思いやれるし、世の中も違って感じられるし、ものの考え方が豊かになります。

「相手を理解しよう」という、感性とコミュニケーション力を使う練習で、わりと力はつくと思うんです。少なくとも「絶対に正しいことを証明する論理の組み立て」よりも、したたかでタフで、意外に使えるやり方です。

## 「相互主観」という考え方

野中郁次郎先生は、こんなこともおっしゃっています。

「人間は、それぞれが別の主体でありながら、共感し合って、相互に了解し合う『みんなの主観＝相互主観』をつくる」と。

「みんなの主観」をつくるなら、自分一人で完璧を目指さずにすみます。

たとえばイベントの企画書なら、「一人で１００％のものを仕上げよう」と思わずに、40％でまず会議に出してみる。

未完成のうちにみんなと共有したほうが、客観的な意見が聞けるし、いろんな気づきも得られるし、結局、より良いものができるでしょう。ものづくりでも、お笑いのネタでも、会社の提案でも同じことだと思います。

自分の100％にこだわらず、ましてや「なかなかうまくいかない」と悩まず、みんなで共感し合って、お互いに了解し合い、「みんなの主観＝相互主観」をつくればいいと思うのです。


なーんて。

ちょっとインテリっぽく締めくくってみたわけですが、白黒がはっきりしたネタって、全然おもしろくありません。

どこか曖昧で、どこか胡散臭くて、どこか意味がわからない。

そういうネタのほうが、案外いいオチに結びついて、笑いも取れたりするんですよ。

# 06

## 友だちをつくろうとしない

「学生時代の友だちは、かけがえのない存在」
「本当に心を許せるのは、昔ながらの友だち」

これは本当によく言われることで、「ずっと友だち」は尊いとされています。学校の先生からして「友との出会いを大切にしよう」なんて真顔で言いますし、韓国ドラマでもアニメでも、深い絆（きずな）で結ばれた親友は、「ガキの頃からの長いつきあい」と決まっています。

確かに、その通りと思える話ではあります。

なぜなら、大人になって仕事をしたら、利害関係のあれやこれやが出てきて、「俺たち親友だ！」とはなりにくい。さらに会社の同僚は、同じ釜のメシを食べているのにライバルとして競争させられることもあります。

また、大人になると友だちは減っていきがちです。

学生の頃は一緒にアイドルの追っかけをし、好きなことも楽しいこともピッタリ合っていた親友同士が、いつの間にか疎遠になる。子どもがいる専業主婦と、シングルで働く女性という具合に立場が変わると、話も合わなくなり、連絡も取らなくなったりする……。

だから、「若いうちに本当の友だちをつくっておかないと！」と、強迫観念じみた焦りが生まれるんだと思います。

## 「共通点の多さ」が友だちの条件？

友だちになるきっかけは、人それぞれ。それなりにバラエティに富んでいると思いますが、「共通点が多い」というのがほとんどではないでしょうか。

・学校が同じ、クラスが同じ、クラブが同じという共通点
・年齢が同じ、住んでいる街が同じ、という共通点

趣味が同じ、好きなミュージシャンが同じというのも、友だちになるきっかけです。

僕の生まれ育った頃は、今よりうんと情報が少なくて何かとざっくりしていたから、「趣味が同じ」という場合も呑気なもんでした。

「おお、ロックが好きなのか、そんならオールマン・ブラザーズ・バンドはどや？　えっ、好き？　気ぃが合うわあ。ほな、レコード貸すわ」

この程度でたちまち親友のできあがりでした。

ところが今は膨大な情報をもとに、あらゆるものがマニアックに細分化されています。

仮に歴史オタク同士だとしても「大河ドラマの真田丸が大好き」という人と、「池波正太郎が書いた『真田太平記』の9巻にあるエピソードを語り尽くしたい」という人は、話が嚙み合わないし、『戦国無双』のゲーマーとはさっぱりわかり合えないというややこしさです。

そこにSNSが加わって、「こいつの本音は違うんじゃないか」とか「仲が良いと思っていた人に、裏アカで悪口を書かれた」なんて疑いや不安がとぐろを巻く。明るく「友だちをつくろう！」なんて、不可能なんじゃないかとすら思えてきます。

ある時、高校生が集まるトークイベントで友だちについて聞かれた僕は、だからこう答えました。

「友だちなんか、無理してつくらなくてええやん」

## 松本が激しく怒ったわけ

「友だちをつくらない」なんて言ったら、本当に困った時に誰も助けてくれない――そういう反論もあるでしょう。確かにそれは、その通りなんです。

いろんな経験を積み、大きくなった松本くんは「大阪でずっと暮らしていたい」という思いを越え、１９８９年にダウンタウンは本格的に東京進出を果たします。『笑っていいとも！』の月曜レギュラーになるなど瞬時に全国区の人気者になり、やがて『４時ですよ～だ』を卒業して『ガキの使いやあらへんで！』『ごっつええ感じ』という冠番組を持つトップ芸人になります。

ここで再び、僕に辞令が出ました。

「ダウンタウンは東京に行かせるが、大﨑は正式な担当マネージャーでもなんでもない。そや、そもそも全然関係ないやろ。大阪に残って新喜劇を担当しろ」

二人が認められず、仕事もない頃から「こいつらは最高だ」と信じて、一緒にやってきたんです。それなのにやっと光が当たって人気者になったとたん、引き離すような辞令でした。会社には、僕が困った時に助けてくれる人はいなかったということです。

だけど、味方がいなかったわけじゃありません。

「大﨑さん。会社の上司とかって、ほんまにしょーもない。最低やな!」

松本くんと僕が会ったのは、大阪のホテルニューオータニ。僕が座るなり、松本く

んは吐き捨てるように、

「最低や」


と、もう一度呟きました。聞けば、吉本の幹部の一人に呼び出され、「東京に本格進出なら、そろそろマネージャーを代えたほうがいい」と言われたと言うんです。

怒りに震える松本くんの姿を見ていると、同じくらいに燃えていた僕の怒りは、不思議なことにすーっと落ち着いていきました。

ダウンタウンと僕がゼロから築き上げたものが、気に食わないという男の嫉妬。

松本くんと浜田くんの東京進出は、「この二人はいずれ世界進出できる」と考えていた僕にとっても、夢の第一歩でした。

絶好のタイミングがやっと来たのに、せこい男のジェラシーによって引き離されるのはもちろん悔しいけれど、

「松本がここまで怒ってくれるなら、それでええやん」と思えてきました。うれしかったたし、「こいつとは、根元のところでつながっている」と確信できました。

芸人とマネージャーは、友だちではありません。どんな関係かはうまく言えないけれど、つよいつながりなのだと信じられる、松本くんのうれしい怒りでした。

## 浜田と『ごっつええ感じ』で大喧嘩

「浜田、こんど東京支社長になった田中さん、知っとるやろ？　俺の同期や。俺は大阪に残留だから、これからは番組のこともダウンタウンのことも、田中さんと相談してな。言うことよく聞くんやで」

浜田くんに僕の辞令を伝えたのは、『ごっつええ感じ』の収録スタジオでした。ダウンタウン担当の引き継ぎという感じで静かに切り出したのですが、話を聞くなり、浜田くんは大声を出しました。

「なんでそんなこと言うんや、大崎さん！　なあ、突然、何言うてんの!?」

「いや、だから田中さんが東京支社長で、支社長が東京のおまえらを担当するのは普通の話やん」

「聞いてへん！」


苛立っていた僕は浜田くんの怒りに釣られてしまい、しまいには周りのスタッフが固まるくらいの、すさまじい怒鳴り合いになりました。


「そんなん突然言われたら、怒って当たり前やろ！」

「せやから今、言うてるやんけ！　俺はサラリーマンやし」

「サラリーマンがなんや、そんなん知らん！　大崎さん、なんでやねん！」

「あんなあ、会社の人事や！」

「アホちゃうか！」

「アホはおまえやろ！」
「なんじゃこらぁ！」

ほとんど子どもの喧嘩で、怒鳴り合っているうちに大阪人あるあるで、「はて、ところで俺ら二人は何が原因でもめとるのや」とわからなくなりました。

浜田くんと僕がこれほどの怒鳴り合いをしたのは、最初で最後。あの時は心底腹が立ち、二人とも無茶苦茶に怒鳴りまくったけれど、今思うとこれもまたうれしいことでした。やっぱり僕にとってダウンタウンは特別なんです。

## 『遺書』と『WOW WAR TONIGHT』

辞令に従って大阪に留まったものの、必要とあれば会社の目をかいくぐり東京・大阪を行き来しつつ、僕は『新喜劇やめよッカナ？　キャンペーン』を企画。2丁目劇場で育った今田耕司や東野幸治、板尾やほんこんやキム兄、山田花子や島田珠代らの若手を起用することで、当時停滞していた吉本新喜劇のテコ入れもできました。

その後、なし崩しになんだかんだで東京支社に勝手に異動し、現場をウロウロできるようになった頃、ダウンタウンはまさに快進撃を続けていました。

1995年は、特にけたたましい年でした。

松本くんの書いたエッセイ『遺書』『松本』が書店に並ぶと、250万部と200万部というとんでもない数字を叩き出してベストセラーに。

浜田くんは浜田くんで俳優業にも進出し、そればかりか音楽プロデューサーの小室哲哉さんとユニットを結成。H Jungle With t のデビューシングル『WOW WAR TONIGHT 時には起こせよムーヴメント』は213万枚、2曲目の『Going Going Home』は123万枚と、ミリオンセラーになりました。

ちなみにDVDの累計出荷数もすごいもので、セルとレンタルの合計で『ガキの使いやあらへんで!』が500万部、『ごっつええ感じ』が100万部を超えています。

コンビとしてのDVDに松本くんの『人志松本のすべらない話』や浜田くんの『チキ

ンライス』など個人のものもすべて合わせると、1173万部というものすごい数字になっています。

「えっ、大成功しましたという、自慢?」

そう思う方もいるかもしれませんが、こういう時はやばいんです。

莫大(ばくだい)な影響力とすさまじいお金が動く気配が爆発したのですから、そのなんともうまそうな匂いに惹(ひ)かれ、ありとあらゆる〝悪いヤツら〟が、僕のもとに舌なめずりしながら接触してきました。

## 「吉本興業・大﨑を殺す!!」

「大﨑さん、えらい景気良さそうですな。ちょっとお時間、もらえませんか」

あることないことを言いながらコンタクトしてくるのは、反社会的勢力のこわい人たち。携帯も鳴るし、会社の外線も鳴るし、すでにインターネットはありましたがまだアナログな時代で、封書が届くこともありました。開封してみると、過激なことで知られるとある団体が発行している新聞。

「亡国の輩、吉本興業・大﨑を殺す!!」

一面トップに迫力のぶっとい文字で黒々と躍っているのは、僕の殺害予告でした。
「知らん人に、わけもわからんと、殺すって言われてもなあ……」
話題が集まっているところにはおもしろいスキャンダルがあるだろうと、タレントばかりでなく僕まで、写真週刊誌に追いかけられました。

ダウンタウンの場合、出る杭が一気にぐっと出てしまったので、社内外で急に風当たりがつよくなったところがあります。
一度だけ上司に相談してみましたが、「おお、そうか」と目を逸らして無視。世は平成でしたが、もともと鮮明な光が集まる興行の世界。光がつよければつよいほど暗闇の濃い影はつきもので、「それくらい自分でさばけて一人前や」というところなのでしょうか。

会社の中にはもっとひどい人もいて、「大﨑はダウンタウンが売れて権力を握った気になっている。悪い組織からうまい汁を吸い、裏金を家の庭に埋めてるらしい」なんて噂まで流されました――つまり、敵は身近にもいて、誰が味方かもわからないんです。

項羽（こうう）さんとサウナでじっくり語りたいような、四面楚歌（しめんそか）。

僕はマネージャーですから、細かい雑音でタレントを煩わせるなど言語道断です。ダウンタウンはもちろん、親しい芸人にも一切愚痴はこぼせませんし、会社の中はみんなライバル、友だちと呼べるような人も、助けてくれる人もいません。

唯一話せる相手は、何を言っても受け止めてくれる、岡本昭彦さん。今はご存じの通り吉本興業社長ですが、当時は僕の部下でした。

「おかもっちゃん。俺な、今夜〇〇っちゅう組織の人と、このホテルで会う約束をしてるんや」

「はい、わかりました」

「朝方になっても俺から連絡がなかったら、すぐに警察に駆け込んでくれ」

「はい、わかりました」

どんな時でも同じ、「はい、わかりました」とつよく、静かなひと言でした。

「えらいもんや。何気ない日常の中に、いつ殺されるかもわからないリスクってあるんやな」

自分で感心している場合ではないのですが、気づかぬうちに相当なストレスが溜まっていたのでしょう。

ある朝、目が覚めると、顔以外の全身が蕁麻疹(じんましん)で真っ赤に腫れ上がり、服を着るのもつらい状態になっていました。

## ひとりぼっちは自分を知るチャンス

「これはひどいよ、大﨑さん」

知り合いが見かねて、草津温泉を紹介してくれました。その彼が日焼けのしすぎで全身赤むけの大火傷(やけど)をした時、草津で湯治をして快復したと言うんです。さすがに医者に行ったほうが良かったと今は思いますが、あの頃の追い詰められていた僕にはそんな発想はない。

「倒れたらあかん、がんばらなあかん」

この一念で、夜中に仕事が終わったら、毎週のように車で草津温泉に行き、明け方4時から共同湯みたいなところにちょっと浸かって、また東京に戻って仕事。それが1年半は続きました。

あの頃、草津の共同浴場は、救いの場でした。

当たり前ですけれど裸で、知らない人ばかり。

ケータイもメモも何も持っていなくて、なんの情報も入ってこない。

僕が誰か、みんなは知らないし、みんなが誰かも僕はわからない。

全員が素っ裸でお湯に浸かっているだけというのが、僕の全身の皮膚ばかりでなく心にとっても、救いでした。

あの時ほどシビアな状況ではなくても、今までいろんなことで悩んできました。

大勢で騒ぐ仲間はいても、悩みを分かち合うような友だちが、どの場面でも僕にはいませんでした。でも、それで良かったと思っているんです。

・一人だから、とことん悩んだり考えたりできる
・一人だから、自分をよく知ることができる
・一人だから、「自分は自分を裏切らない」と覚悟が決まる

もしも友だちがいたら、いろんな体験は「自分の体験」ではなく「友との体験」になります。それもわーっと楽しいんでしょうけど、薄まることってあると思います。

また、友だちと楽しくやっていると、時間は一瞬で過ぎ去ってしまうけれど、自分とひたすら向き合っていると、自分が好きなものもわかってきます。

孤独には、「たった一人の孤独」と、「いろんな人がいっぱいいる中の孤独」の2つがあると思いますが、どちらが孤独かと言えば、どちらも孤独です。

それでも自分をよく知れば、本当に好きなこと、これだけは譲れないことが見えてきます。

「本当に好きなこと」といっても、たいそうなものじゃなくていい。

ゲームでもいいし、僕みたいに「ひたすら銭湯が好き」というレベルでもいいと思います。いろんな「好き」や「大切」を通して、自分を知るのもいいもんです。

そんな大切なもののかけらでも心の中にあれば、友だちはいなくていい。別に一人で構わないと思っています。

## 60歳過ぎてできたけったいな友だち

この章の最初に、「友だちは共通点が多い」と書きました。

子どもや学生の頃は、世界が狭くて、好きな情報だけを集めて、みんな似たようなことをしているから、自然と共通点が多くなって友だちになりやすいとも言えます。

でも、近所だの部活が同じだのという共通点って、実はもろい。たまたまだから、ふうっと変わってしまいます。

ところが、「本当に好きなこと」や「大切なこと」、あるいは「これだけは嫌だということ」が共通点で仲良くなったら、それは人の本質だから、なかなか変わらない。

そして、「本当に好きなこと」が風変わりな珍しいものであったとしたら、大人になった広い世界のほうが、同じものが好きな人と巡り合いやすいと思います。

また、有名デザイナーの服を見て「すごいな、ファッションを超えていて、アート作品をしのぐほどだな」と感心するけれど、「さんざん着古した服でも、きっちり洗濯して清潔感があるなら理想だな」という感覚を持っている人がいたら、「そういう美学ってあるよな」と共感できたりします。

そんな僕には、大人になってからできた友だちがいます。大人も大人、60歳を過ぎてから出会った人で、歳は親子くらい違います。

大ヒット作『ビリギャル』の著者で、教育者であり経営者でもある坪田信貴さん。異能の天才ですが、それだけ変わった人で、これまで出会ったことのないタイプ。

たとえば一緒にゴルフに行く車の中で話をしていても、ずーっとスマホを見て縦スクロールの漫画を読んだり、ゲームをしたりして顔を上げません。

僕は「ここまで来るとおもしろい!」と気に入ってしまったのですが、不愉快に思う人もいるかもしれません。そこで「俺はいいんやけど、会議中もそうだよね?」と聞いてみたところ、「あ、そうですね」と平気です。

「用件を話すのに、なぜ食事をするんです? 無駄です。会食の意味がわからない」とも言い、すごくけったいな男なのですが、「新しい世界のエンターテインメントをつくりたい」という一点で、彼ほどわくわくと話せる相手はいないのです。

心の芯で通じ合う共通点があれば、幼馴染のように長い年月がなくても、友だちになれるということでしょう。
そう考えると、友だちって、つくろうとするものではないのかもしれません。

ある日、ふと出会う。
どこかでなぜか、つながる。

そういう偶然に任せたほうが、いい気がしてきます。
虫も葉っぱも僕も、同じ地球の中での生き物で、どこかでつながっています。
自分と同じような虫と出会いたいなら、自分が虫であることを知ったほうがいい。
自分は本当は虫なのに、葉っぱのふりをしていたら、気の合う虫とは出会えません。

・友だちを無理につくろうとしない
・一人になって自分を知る

・いろんなところに行って、いろんな人と出会う

この三段構えで行ったら、出会いは死ぬまであると、僕は思います。

人との出会いがあれば自分の成長があって、新しい自分にも出会えます。

出会ったことで成長させてくれる人を、友だちと呼ぶのか、師匠と呼ぶのか、仲間と呼ぶのか、好きな人と呼ぶのか。

呼び方なんて、なんでもいいんですが。

# 07

## 相談しようとしない

大学の同級生から、ずいぶん久しぶりにメールが来ました。

彼はずっと独身。高齢の親父さんの年金と、彼自身が受給している生活保護を足して、拾ってきた野良猫1匹と二人でひっそり暮らしてきたそうです。

ところが親父さんが亡くなり、いよいよ一人になった。さびしさは増し、生活費は減ります。そのぶん、猫への愛(いと)しさはつのったことでしょう。

僕は犬も猫も好きで、子どもが小さい頃はどっちも飼いましたが、今はどちらかと言えば猫派です。このところ毎晩、寝る前にYouTubeで猫の動画をやばいくらい観る癖がついてしまい、「あかん、かわいすぎやろ」と悶(もだ)えていますから、猫が心のなぐさめになるって、しみじみ、じーんとわかる気がします。

ところが、その猫も死んでしまった……。

## 猫が死んで、気力が消えた

——現役で仕事をしている大崎にはわからんだろうけど、さびしい。

猫が死んで、もうどうしていいかわからない。

僕はすぐに返信しました。

——ほんなら新しい猫を飼いや。
亡くなってすぐはそんな気になれないだろうけど、
またあったかい、かわいいの、飼ったらええで。

彼からの返信は、「俺はもう歳だから、新しい猫より先に死んでしまうかもしれない。できないんだ」というものでした。

絶対に無理ということはありません。生活保護を受けていても、ペットを飼うことは認められています。

また、保護猫の施設の中には、高齢者には年寄りの猫を斡旋（あっせん）しているところもあるし、一人暮らしで「自分がペットより先に死んでしまうかも」という不安を抱えた人のために、飼い主に先立たれたペットを引き受けるボランティアだってあるんです。「ちゃんと調べて、チャレンジしてみればいい」とメールを送りましたが、返事はありませんでした。

人生にはこれぞという解決法はなくても、やりくりしていく方法はいくらでもあると思うんです。でも、追い詰められた彼は、どこかで前に進むのをやめてしまったんでしょうか。

でも、たまに電話をしたりして、お互いに生存確認をしています（笑）。

## 日本の中年男は、世界一さびしい!?

芸能界で、命を絶ってしまう人の悲しいニュースが続けて流れました。

俳優、芸人、歌手。年齢も性別もいろいろですが、「日本の中高年男性の孤独」というのは、世界でもずば抜けているみたいです。

内閣府の調査によれば「同居の家族以外に頼れる人」として友人を挙げた60歳以上の日本人男性は、およそ14%。ドイツが48%、アメリカが33%だそうですから、友だちがいない男は多いのでしょう。

女性はその点、近所の人だの趣味の仲間だのママ友だの、いろんなつながりがあって、孤独になりにくいとされています。

・孤独にならないように、まずは家族を大切に
・友だちをつくって交流しましょう
・悩みがあったら、誰かに相談しましょう

孤独に陥らないための正しい対策はこんな感じで、僕は全然否定しないし、「ほんまにその通り」と思うのですが——「でも、そんなん、できひん人が多いから、問題とちゃうの!?」とも感じます。

## 「家族の絆」は永遠なのか？

家族には2種類あって、ひとつは自分が生まれた家族です。

これは選べないものですから、自分にとっていい家族になるか、そうでない家族になるかは運任せです。

「親ガチャ」なんてイヤな言葉でわざわざラベルを貼らなくても、経済状態から性格的なことまで、どんな親のもとに生まれてくるか、どんな子どもが生まれてくるかは、選べない。そんなことは、わかりきった話です。

僕は平凡な家に生まれましたが、父と母と祖父母と姉という家族には、もちろん満足していました。でも、もう残っているのは僕の母親代わりのような姉だけですし、べつべつの家庭を築いています。「生まれた家族」は年月とともに変化していくんですね。

いい家族でも、そうでない家族でも、「ずっと同じ」はあり得ませんから、家族が永遠の絆というのはやや違う気もします。

そして、家族の種類のもうひとつは、自分がつくる家族。

その大もととなるのが大抵の場合は夫婦で、友だちよりもつよい絆です。

「誰にも言えない社外秘」でも、「親友に打ち明けられた秘密」でも、夫や妻になら言っても許される、と考える人も珍しくありません。子どもが生まれたら、もっと絆はつよくなり、共同の大きな責任が生まれます。

それなのに、離婚届にハンコをぽんと押した瞬間から、いきなりリセットで赤の他人になる。子どももやがて独立しますから、「ずっと同じ」ということはこちらもなさそうです。

## さんまに離婚相談

「さんまに〝別れようと思うねん〟と話してみようかな……」

僕が上京した頃、すでに東京拠点であり、ピンで相方もいなかったさんまくんとはよく顔を合わせており、お笑いだの遊びだのいろんな話をしていました。二人ともお酒が飲めないから、行くのはいつも喫茶店。話が盛り上がりすぎて「あんまり同じ店にいるのは、かっこ悪いな」と移動し、次のお店でも長居をしてまた移動し、結局3軒も梯子したことがあったほどです。

誰にも相談しない僕の性格は、若い頃からのものです。「芸人だけでなく僕も寝坊して遅刻しました！　すんません‼」という報告を先輩や上司にすることはあっても、仕事の困ったことは若手だてらに、一人で解決しようとするタイプ。ましてプライベートについて相談するのは、友だちにだってあり得ない話でした。

それでもさんまくんに「離婚を考えている」と話してみようと思ったのは、彼が披露宴に来てくれていたからでした。

「結婚なんてものは究極のプライベートで、芸人さんに出席してもらうのは違う」

そう信じていた僕は、式を挙げることを誰にも言いませんでした。芸人はプロですから人前に出るだけでギャラが発生するわけで、無料で社員なんかのお祝いを言う時間があるなら、営業に行ったほうがメリットになります。仕事で縁がある自分が公私混同で利用するのは、良くないと考えていたんですね。

ところが結婚式の日、いったい誰に聞いたのか、ふらっとさんまくんが登場したんです。もう売れていて相当に忙しかっただろうに、たまたま仕事だったのか、そのためにに着替えてくれたのか、真っ白なタキシードを着て、さんまくんらしい温かくて笑えるお祝いの挨拶をしてくれました。

「顔を出してもらわへんのが、けじめや!」なんて意地になっていたくせに、彼の気持ちが僕にはすごくうれしくて、忘れられないものでした。

「披露宴に顔出してもろうた恩もあるし、さんまにだけは別れると報告しとこうか」

切り出したのはフジテレビの楽屋でしたから、『オレたちひょうきん族』の収録の合間だったでしょうか。

「俺、離婚しようと思うねんけど。どう思う?」

さんまくんはまだ独身でしたが、あっさり答えました。

「大崎さん、しゃーないもんは、しゃーないんちゃうん?」

## 誰かに背中を押してほしくて

あの時の言葉は、それだけなのに、ありがたかった。

離婚は100%僕が悪かったのに、「しゃーない」という言葉にほっとしました。

同時に、自分のいやらしさを嫌というほど知りました。

「離婚しようと思う」と僕が言えばさんまくんが「そうか」と答えることは、最初からわかっていました。離婚相談の体をとっていましたが、相談ですらなかったかもしれません。

・自分の決めたことについて、誰かに同意してほしい
・相談することで、少しでも、自分が抱えるストレスを減らしたい

僕がしていたのはまさにこの2つで、さんまくんのすぱっとした温かさと同じくらい、自分の情けなさと卑怯さが、じわじわと身にしみました。

何を相談しようと、決めるのは自分です。誰かに相談したところで、その誰かが解決してくれるはずもないんです。

本当に悩みを解決したいのなら、自分に相談するしかない。

自分の悩みに答えを出すのは、自分だけだ。

僕はさんまくんへの離婚相談の一件以来、そんなことに気づき、他の誰かに相談することがますますなくなりました。

## さんまが離婚!? 滅法明るく滅法つよい

僕は、「相談はするな。悩みは自分で解決できるくらいつよくなれ」と言うつもりは毛頭ないんです。

反面教師的に、「俺は離婚してもうたけど、家族の絆を大切にな。言える立場じゃないけど、相談すべきはやっぱり家族だ」という教訓でもありません。

・相談じゃなくて、ぽろりと言うだけ
・愚痴じゃなくて、さらりと言うだけ
・回答じゃなくて、相槌(あいづち)を打つだけ

そのくらいなら、やっぱり誰かに言うのはいいもんだ、って話がしたいんです。

その後、さんまくんは大竹しのぶさんと結婚しました。そして、二人の離婚報道がワイドショーを賑(にぎ)わせる頃には、大スターのさんまくんと僕が話す機会もほとんどなくなっていました。いつもたくさんの人に囲まれて、忙しいさんまくん。それでも僕は心配で、「顔だけでも見に行こう」と思いました。

あの時、僕がさんまくんのスケジュールに合わせて出かけていったのは、名古屋のコンサート会場だった気がします。仕事終わりに迎えの車に乗り込む、その一瞬で

した。

周りにスタッフはたくさんいたけれど、僕が声をかけると、さんまくんは「おう」と軽く手を上げました。


「聞いたわ」

「せやねん。しゃーないわ」


目が合って、交わした言葉はこれだけ。ごく短いやりとりでした。

そう言えばさんまくんは相談をしない男で、滅法明るくて、滅法つよい。

どれほど困るようなことがあっても、絶対に暗い顔は見せないんです。

あの一瞬のやりとりを彼が憶えているのか、どう受け止めたのかはわかりませんが、
僕はこの時「大丈夫か？　がんばってな！」という自分の気持ちは、伝わったと思っています。

## 「しゃーない」

「しゃーない」というのはどうやらさんまくんの口癖で、僕は何度となく彼が「しゃーない」と口にするのを耳にしています。そしてこの「しゃーない」という言葉、さすがやな、すごくいいなと思っています。

相談しなくても、解決しなくても、仕方ないと受け入れ、「しゃーない」という言葉でだましだましやっていったら、そのうちいい風も吹いてくる。そんな生きる知恵みたいに思えてくるんです。

「孤独にならないように、友だちを持て」とか、「一人で追い詰められないように、家族を大事にしろ」とか、「困り事は自分で抱え込まず、相談しよう」とか。

それは正しいし、まさに真実。その通りだと思うし、そうできたら最高でしょう。だけど、猫に死なれた僕の同級生のように、そうできない人だっています。

たとえ家族ができても僕のように、永遠に続く保証はないんです。

正しくて理想の解決法があっても、その通りにはならない。だから、「しゃーない」と流していったほうが、しのげることもあるんじゃないでしょうか。

相談はしなくても、ちょろっと言葉にできる相手がいるのは、かなり違います。答えをくれなくても、正解がわからなくても、「しゃーない」と言ってくれる相手がいるのは、ぐっと違います。

## 家庭が向いていない人もいる

さんまくんはどうか知りませんが、僕は明らかに結婚には向いていません。結婚というより、〝家庭〟に向いていないんでしょう。

子どもはかわいいし、孫もかわいい。「どうしているかな、元気かな」といつも気になります。それなのに現実は、一人の部屋で暮らしており、家に帰るのは月に1回あるかないか。

家族の誕生日に花やプレゼントを贈るなんてこともマメにやっていますが、「じゃあ、揃って誕生日パーティをしようか」となると「それはみんなでやっといて。俺はええわ」となってしまいます。

一家団欒に憧れて、家族をテーマにした韓国ドラマにハマっているのに、自分はその世界に入っていけない。

これは僕の世代では珍しいかもしれませんが、もっと若い世代になると、似たような人が意外と多い気がします。そういう、家庭を持つのに向いていない人に、「絶対持ったほうがいい」と言うのも、無茶な話です。

また、家族がいても、心をさらし合えない関係性だってあります。だからこそ、何もかも相談できる相手を無理につくろうとせず、さらっと「しゃーない」と言ってくれる、そんなつながりの人を持つのがいい気がしているんです。

そういう人がいれば、絶望せずにすむこともあります。

# 08

# 目的地を決めようとしない

タイムスリップして新入社員の僕に、「あんた、いつか吉本の会長になるんやで」と言っても絶対に信じなかったでしょうし、そもそもなりたいと思ったことがありません。

「アイドルになるつもりはなかったのに、友だちが勝手に応募しましたあ〜」という、定番のあざとい嘘と似ていますが、これは本当の話。

僕は夢や目的というものがないまま、生きてきました。

その昔、子どもの頃になりたかったのは、外国航路の船長さん。

父が日本冷蔵、今でいうニチレイに勤めていた関係で、家族で捕鯨船を見に行ったことがありました。

母も働いていたので、家族で出かけるなんて滅多にないこと。それだけでもうれしくてはしゃいでいたのに、大きな捕鯨船を案内され、両手を広げたほどもある大きなクジラのひげをもらったりしたら、もうテンションが上がります。

外国の匂いに触れたというほどでもないのに、一丁前に「航路」という言葉を覚えたのが誇らしく、漠然と「大きくなったら、外国航路の船長さんになる」と答えていました。

祖父が日中戦争で海軍の炊事班長だったと聞いたこと。

自分の「洋」という名前をつける時に、「太平洋の洋や。岬から大きな海へ、外に出ていくんや」と考えたなんて話を、父や祖父がしていたこと。

そんなことも影響していたかもしれません。

航路というのは、その船が貨物を運ぶのか人を乗せるのかという航海の目的、どこの港を目指すのかという目的地、気象や海象、国と国との境界線のあれこれを考慮して、最適なものを決めるそうです。

豪華客船や遊覧船ではない、運輸のための船ならば、時間とお金、効率重視になります。

目的地を決めて、一番安全かつスピーディにたどり着けるルートを割り出す。

それが外国航路の船長さんの仕事というわけではないでしょうが、効率と安全確実を是とする仕事はやっぱり僕には向いておらず、「夢じゃなかったなあ」と思います。

## 目的よりも出会いを探す

長男のユウと次男のフミ。僕はやっぱり仕事ばかりで、子育てはすべて妻任せ。決して良い父親とは言えない情けなさですが、長男が中学3年になった時は進路の話をしました。


「実は、ここに行きたい」

と、パソコンで長男が見せてきたのは、何やら横文字の高校のホームページ。

「これ、アメリカやん！」

日本の高校のアメリカ分校のようです。

「お父さんなあ、今まであまり後悔というのをしたことがないんやけど、唯一心残りなんは英語を勉強しなかったことや。英語がしゃべれたら、世界のどこへでも行けていろんな人と話せたのにな」

長男はこの話を覚えていてくれたのです。

留学したものの、残念ながらその学校とは相性が良くなかったのか、長男はひどいホームシックにかかりました。母親のところに電話をしてきて「さびしい、さびしい」と国際長電話をして、結局1年くらいで戻ってきて、部屋に閉じこもってしまいました。

「再挑戦をしてアメリカに行くには、英語がしゃべれんとあかんやろ。まずは日本で英会話の学校に行ってみたらどうや?」

幸いやさしい英語の先生に巡り合えましたし、長男自身もいろいろと次の作戦を考えていたようで、気持ちが前に向いていきました。僕の時代とは違って、世に出るには、それなりの準備期間みたいなものが必要なんですね。

こうして長男は、改めてロサンゼルスにある山全体が校舎と住まいになっている全寮制の学校に入り、さらに明るくなりました。

「今日は何をしたい?」と毎日聞かれ、「陶芸をしたいです!」と言えば茶碗をつくってみようとなり、「絵を描きたいです!」と言えば自由に絵を描かせてくれる。そんなのんびりした校風が性に合ったらしく、友だちも彼女もできました。

卒業の時は総代に選ばれたと聞いて「ほう!」と思いましたが、「キャリアに役立つから、総代を譲って」と友だちに言われて、仲良く二人で務めたそうです。こんな底なしにやさしいところも、個性というやつでしょう。

「今の若い人は夢がない」と言いますが、夢や目的がなくてもきっかけさえあれば、誰かと出会って、そこから生まれるものもあると思います。少なくとも僕の長男の場合はそうでした。

次男も続いてアメリカ留学をしましたから、「不肖の親父の夢を叶えてくれたんやな」と、何やら感慨深いものがありました。

## 不安や不信や夢と闘う長男

二度目のアメリカは打って変わって楽しいようで、長男からの電話はぴたりとなくなりました。家に寄りつかない僕への連絡は、一度目も二度目もほとんどありません。

ところがある日、夜中の2時頃、突然携帯が鳴りました。長男の番号です。

長年のマネージャー稼業、非常識なタイミングに鳴る電話ほど、出なければならないものであることは、わかりすぎるほどわかっています。夜中だろうと今いる場所が地球の果てだろうと、切羽詰まった連絡を受けたことは人生で何度となくありました。

そう言えば、あれこれあって気持ちを立て直そうと僕がニューヨークに行っていた時、何かに対して怒っていた松本くんから電話がかかってきて、料金を想像して冷や汗をかきながら、6時間も長話をしたこともありましたっけ……。

「おう、どうしたんや？　お金のことか？　女の子のことか？」

長男の電話を受け、心配が先立ちながらもトラブルを前提に聞いたのは、自分自身の過去と、若い芸人たちとつきあってきた経験が影響していたと思います。これが大当たり。

「日本は夜中やで。早よ言うてぇな」

「は、はい、お父さん。わかっております」

「どうしたん？　早よ言い」

「それがですね、実はですね、結婚したいんですよ」

今どきは珍しくもない授かり婚。長男が明るくなり、家族を持ったのですから、やはり出会いは大切——という具合に、話はハッピーエンドにまとまりませんでした。

結婚後しばらくたったある日、今度は長男の奥さんから電話がかかってきました。

「もしもし、お義父さん、私です」

もちろんすぐに出たのは言うまでもなく、孫に何かあったのかと悪い想像も脳裏をよぎりましたが、こればかりは百戦錬磨のマネージャーにも想像がつかない答えでした。


「子どもも連れて親子3人、私の実家に泊まりに行ったんです」

「ああ、ありがとうな。里帰りに連れていってくれたんか」

「それが、閉じこもってるんです」

「チビさんがか?」

「違います、ユウくんがです!」


奥さんの実家は3階建てのビルで、スペースは十分すぎるほどあります。ところがなぜか長男は、部屋の隅に段ボールで囲いをつくり、すっぽり入って出てこなくなってしまったのでした。繊細なところがあるので、おそらく彼なりに不安や不信感と闘っていたのだと思います。

## ウツがうつった次男

「どうしましょう、お義父さん」

うろたえる長男の奥さんをとりあえずなだめて電話を切り、僕は次男に連絡しました。

親父の僕が無理やり会うよりも、気を許せる一歳違いの弟が話を聞いたほうが、長男にとってもいいと考えたからでした。

「あのなあ、ユウがなんちゅうかその、奥さんの実家の部屋の隅に、秘密基地みたいなのをつくったらしいんや」

「秘密基地?」

「ああ、あいつは手先が器用やから、なんか段ボールで手作りらしいんやけどな。とにかくその段ボールの基地みたいな囲いに閉じこもって、そこから出てこないらしいんよ。悪いけど、ちょっと様子を見に行ってくれへんか」

電話口で次男は、「わかった、行ってくる」と快諾してくれましたが、その後、さっぱり連絡がありません。こちらから電話をしようがメールしようが無視している有様で、返事がなくてどうしようもないので、僕は訪ねていくことにしました。

当時、次男が一人暮らしをしていたのは、浅草のボロボロのアパート。真夏の浅草はスイカが腐ったような甘い匂いと、昼からやっている飲み屋で肉を炙（あぶ）っている煙の匂いとが混じっていて、どこかなつかしい場所です。

汗をかきかき次男の部屋にたどり着くと、在宅していましたが部屋は真っ暗。立っているだけでさらに汗が噴き出てくるような日だったのに、次男は頭から分厚い冬の布団をかぶって、部屋の隅でじーっとしています。

「なんや、どうしたおまえ？　兄ちゃんのところ、行ってくれたんか？」

声をかけると、布団の山がかすかに動きます。うなずいている様子です。少し頭を出したのでさらに聞くと、次男は言いました。

「囲いの中に閉じこもっているユウに会いに行ったら、ウツがうつった」

この時は多くを語らなかった次男ですが、やはり心の底には言葉では言い表せない、世の中への不信感があったのです。結局、僕の息子は兄弟二人とも、ウツ状態になってしまったのでした。

## 長男からの突然の電話

その後、あの手この手で外に連れ出しました。

「俺の血イやなあ」という、息子たちに申し訳ないような、感慨深いような思いもありました。

実は僕も20歳の頃、家から一歩も出ず、それどころかトイレ以外は炬燵から抜け出すこともなく、1年を過ごしたことがあるんです。炬燵に入ってぼーっとし、お腹が空けばカップラーメンを食べ、満腹になるとコテッと転がってそのまま寝ていました。

親子というのは、妙なところが似るものなんですね。

そんな親子3人ですが、それぞれの居場所を見つけつつ、なんとか生きています。

次男は現在、沖縄のシークワーサーが名産の大宜味村の観光協会で事務局長として働いています。

「村おこしの一環で、シンクタンクと契約したんですけどね。カタカナばっかり並べて難しいことを上から目線で言われて村役場のみんなが困っていたら、フミくんがちゃんと対応してくれたんですよ」

村の皆さんから聞くところによると、この対応がきっかけで、次男は新しい部署の仕事も兼務しているようです。本人が元気で、しかも誰かの役に立てているなら、本当にうれしいことです。


長男のほうはと言えば、なんとか囲いから抜け出しました。その後、「初めての親子旅」と称して父子二人で金沢に旅をしましたが、今後について話し合うでもなく、ボソボソととりとめもない話をしたのですから、やっぱり似た者親子なのでしょう。

そして1年ほど前、唐突に電話がありました。

「お父さん、今まで本当に心配かけて、お父さんを頼ってばかりいました。これから、死ぬ気でがんばります」

僕も「そうなんや！　がんばりや！」と話して電話を切りました。奥さんからのメールによると、電話のあと「お父さんにやっとお礼が言えた」と泣いていたそうです。

クリエイターとかアーティストとかと言いながら、それらしい仕事を少しずつはじめ、ギリギリでもなんとか家族を守っている長男に対しては、「まあ、自分のペースでがんばりや」というところでしょうか。

そしてつくづく感じたんです。自分の息子の出来の悪さを差し引いてみても、今の若い子というのは、本当に繊細なんだなあ、と。それがこの本を書くきっかけにもなりました。孤独と闘わず、うっちゃっておいたらいい、と。

息子たちが成人した時、僕はこんな話をしました。

「お父さんは20歳になった時、まだ無職だったというのもあるけれど、全然、大人の仲間入りだと思えなかった。それが吉本に入って無我夢中で働いて30歳になって、『今日から大人の仲間入りだ』って言われた時、素直に『そうだな、今日から大人の仲間入りだ。ちゃんとがんばろう』って、思ったんや。だからおまえたちも焦らんでいい。まあ、30歳か35歳くらいが大人の入口だと思うから、それまでは悩んだりもするだろうけど、今よりずっと長生きする時代になるだろうから、それぞれ自分のペースで焦らず気楽にやったらええんちゃうか」

## 目的地が決まっている人、迷子になって途方に暮れる人

今、賢い人の中では、効率の良いやり方が重要だとされています。

- 目的地をしっかり決める
- 無駄なく確実に成果が上がる方法を調べる
- やるべきことを絞って、最小限の適切な努力をする

こういうスマートさが求められているようです。

「試しに何かやってみて、向いているかどうか考える」という、海にぽっかり浮かんで波任せではなく、経営者よろしく「ＰＤＣＡを回す」とか「ＫＰＩを意識する」と語り、若い頃から抜かりなく計画を立てている人もいます。

芸人だって一流大学を卒業し、将来設計をしっかりしている人が当たり前になってきました。

その一方で、目的地がわからない人や、若い頃の僕や僕の息子たちのように〝迷子〟になる人もいます。

つまり若い人は、「目的地が決まっている効率派」と「行くあてがなく迷子になってしまうぼんやり派」に二極化しているんだと思います。

本当に繊細な若い人たちがいたら、周りの人間は一人ひとりと向き合い、時には悩みをじっと聞く。さらに、彼ら一人ひとりがどう成長できるか、考えないといけない時代でもあるんでしょう。

二人の息子たちも、不安と孤独に呑まれそうな経験をしました。今後は「なんとか乗り越えた経験者」として、世の中に対して不信感がある人や、いろんな感情が絡まって身動きが取れない人の相談相手になる番だと考えていると話してくれました。

繊細な人ほど苦しむことになる、不安と孤独。これって、若い人だけじゃないですね。それでも不安と孤独は、マイナスばかりじゃありません。なぜなら、みんなと同じ流れに乗れず、悩んでしまう「異質な人」がいるからこそ、社会は多様性を持ちます。また、あれこれ悩んで考えることが、やがて夢見る力や構想力に育つと僕は思っています。

## 怯えて食堂に入れない兄と妹

目的地がわからない人がいたら、一人ひとりに向き合う。

こんなことを書くと、名カウンセラーみたいですが、心をほぐす話なんて上等なものが僕にできるはずもないし、ある人には救いになる言葉も、ある人にとっては響きません。それなら何ができるのかと考えると、ただ話をすることじゃないでしょうか。

聞く力が大切ということで、相手の思いをじっくりと傾聴しようというのではない。ましてや会議のように、テーマを決めて話し合うのでもない。

会話についても目的地を決めず、ただひたすら話をする。時間も決めず、話題も決めず、ただダラダラうだうだ、ずーっととりとめのない話をする。

雑談をしながら、同じ時間を共有するというのが、すごく大切なことじゃないかと僕は思うんです。もしかしたら、黙ってそばにいるだけでもいいのかもしれません。

ちゃんと聞く。
ただ聞く。
ただただ寄り添う。
ちゃんと見て、ひたすら向き合う。

この大切さに気がついたのは、沖縄につくった吉本興業の「あそぶガッコ」こと沖縄ラフ&ピース専門学校の一階で、子ども食堂を開催したことがきっかけでした。

「子ども食堂」というのは全国にあり、親が忙しくて一人でごはんを食べている子、貧困などいろんな事情で食事が十分でない子に、温かい食事を提供しようというネットワークです。

「子ども食堂の活動を通して、パフォーマーやクリエイターを目指す学生たちは人の気持ちがわかるし、自分たちのつくったアニメやダンスを披露することもできる。困っている子は温かいごはんが食べられて一石二鳥だ」

僕たちは当初、そんな甘い考えでいたのですが、食堂に足を踏み入れることができず、怯(おび)えた野ウサギみたいに電柱の陰からこっそり覗いている、幼い兄と妹を見かけました。

ちゃんと面倒を見てくれる親もいなくて、お腹を空かせているのに、自分からは一歩を踏み出せない。他者を寄せ付けず、不安と孤独に閉じ込められているという点では、かつての僕の息子たちと同じです。

「施設という箱をつくるだけじゃダメなんや。一人ひとりと向き合って、一人ひとりのことを考えて、一人ひとりの居場所をつくらないといけない」

改めて、肝に銘じた出来事でした。

## ３００万回握ったマグロ

僕には好きな寿司屋があり、四谷荒木町の寿司金の大将が握ってくれるマグロが、日本一うまいと思っています。

80代半ばを過ぎても元気な大将は、夏も冬も半袖。つやつやした血色のいい顔、きびきびと握る姿を見ながら食べるマグロがうまいのであって、もし大将がいなくなったら、まったく同じ寿司を食べてもそれほどうまいと思わない気がします。名店というのはやっぱり「名人に会いに行く」みたいなところもあるんじゃないでしょうか。

ある時、僕は若い人を連れて寿司金のカウンターに座り、「寿司を握るロボットのテレビ番組を見た」という話をしていました。

――開発当初の寿司ロボットはひどいもので、素人にも粗末とわかる仕上がり。あるテレビ番組でロボットの握ったマグロを寿司職人に食べさせたら、「こんなもん寿司じゃねえよ」と呆れる有様。

ところが毎年毎年ロボットは改良され、十何年か後に、また番組ディレクターはロボットが握った寿司を同じ職人に食べてもらいました。すると「まあ、これなら寿司と言えるか。修業10年目くらいだ」という答えだった……。

若い人への世間話というよりも、カウンターの向こうの大将はどう思うかな、と聞かせるようなつもりで話していましたが、聞いていたのかいないのか、僕とパッと目が合った大将はにこっと笑いました。

そして、おいしいものを生み出す鮮やかな指先から、ひょいひょいと、かんぴょう巻きを2本、置いてくれたんです。

「右側は、1本巻いたかんぴょう巻きを4つ切りにしたもの。左側は、5つに切ったもの。同じかんぴょう巻きだけど、ちょっと食べてみて」

それぞれを、ぱくりと口に放り込み、比べてみると、びっくりしました。

「親父さん、5つ切りのほうがおいしいわ。しゃりもかんぴょうも同じなのになんでやろ!」

大将の説明によれば、口の中に入るサイズ、海苔(のり)としゃりとかんぴょうの量、咀嚼(そしゃく)されて混ざる時間、それが喉まで行く時間の違いで、5つ切りのほうがはるかにおいしく感じるんだそうです。

「なるほどなぁ。確かに違うわ。こんなに違うんやなあ」

4等分したか5等分したかで、味がまったく違う。これは、目的を定めて効率よくというやり方では、身につけることができない技でしょう。

自分の舌に自信のない僕は後日、あれは雰囲気だったのかなという気がしてきました。そこで「缶コーヒーをがぶがぶ飲みながらたばこを吸い、若い芸人や社員たちを連れていく夜中の焼肉が大好き」というおかもっちゃんを連れてお店に行き、もう一度かんぴょう巻きの食べ比べをさせてもらったんです。

「ありゃあ、なんでやろ。大﨑さん、5つ切りのかんぴょう巻きのほうがおいしいですねー！」

目をまん丸くして驚いているおかもっちゃんの姿を見て、「彼にもわかるほど、違うんや」とより深く納得しました。まったく、大したものです。

あれから考えてみたのですが、大将のマグロがおいしい理由は「時間」じゃないかという気がします。

10代からほぼ70年、寿司職人をやっている大将が、仮にマグロを300万回握ったとします。一緒に働いている息子さんはまだ50代だから、100万回握ったとします。同じネタ、しゃりであっても、大将が300万回握ったマグロと、息子さんが100万回握ったマグロは、味が違うんじゃないでしょうか。

・目的地は定めない
・ひたすら時間をかける

時代に逆行するようなやり方ですが、効率の話をしたら僕たちはロボットに敵(かな)いません。だから逆張りで、ロボットがしない無駄なことをわざわざしてみてもいいんじゃないでしょうか。

試しに目的も時間も忘れて、掃除でも、おしゃべりでも、考えごとでも、何かひとつをひたすらやってみる、なんていいかもしれませんよ。

# 09

# 合理的にしすぎない

ものすごく素朴な疑問なんですが、「やりたいこと」や「好きなこと」って、お金にならないといけないのでしょうか。

「自分のやりたいことを見つけなさい」
「自分の好きなことを仕事にしよう」

こういう説がずいぶん長らく流行（はや）っていて、僕のような「とりあえずサラリーマンになって定年まで勤め上げる」という旧世代とは違う、新しい時代の若い人が目指すべき生き方とされています。

最近気づいたのは、若い人だけかと思ったら、リタイア世代も同じらしい。たとえば、「定年後は、自分の好きなことで社会の役に立とう」なんて週刊誌に書いてあります。

しかも好きなことをやっていればなんでもいいわけではなく、条件つきらしいのが、また厄介です。

・好きで、お金が稼げて、仕事になること
・好きで、役に立って、人に認められること

「そんなこと言われたら、好きなことはない」と悩んでしまう人がたくさんいるのは、当たり前という気がしてきます。だって、そんな合理的なこと、難しいじゃないですか！


僕はやりたいことが特にないまま、吉本に入りました。

若い社員だった頃は目の前の仕事や、人に頼まれたことをこなすので精一杯。

社長になった時は、わりと波瀾万丈（はらんばんじょう）系のいきさつだったので、やらなければならないしんどいことが山積みで、そこを片っ端から切り崩していく感じでした。

そして今、「会長になったから、ちょっとは好きなことやろう」と思い、「俺のやりたいことって何だっけ？」と改めて考えてみました。

・ぼーっと散歩すること
・銭湯に入ってぼーっとすること
・読みたい本を読むとはなしにぼーっと読むこと

まさに「ぼーっと三兄弟」。だらだら考えても、理性的に分析しても「せいぜいこの3つくらいだなぁ」と悟り、がんばってひねり出せば、アジアの雑踏を一人で歩くこととか、古本屋に行くこととか、朝マックとか、細かいものは出てきますが、あまりに細かくて「好きなこと」と胸を張っていいのか微妙です。


散歩はお金がかからないけれど、お金にもならないから、商売にできない。

銭湯が好きでも、ぼーっとするのが好きなので、銭湯の経営は無理。

ぼーっと本を読むのが好き、しかも気に入った本を途切れ途切れに繰り返し読んだりするタイプなので、「この本から学んだことをYouTubeでシェアします!」なんていうことはできず、明らかに仕事にならない。合理性の「ご」の字もありません。

「なんとか名誉会長」として社会に認められるとか、「尊敬できる経営者」として若い人にちやほやされるとかも無理。不可能です。

## 「やりたいことが見つからない」はアカンのか

やりたいことが見つからないと、自分がダメな人間のように思えてしまう。だからみんな一所懸命に「好きなこと」をひねり出して、それを認めてもらおうと、SNSで発信したりするのかもしれません。


「私は〇〇が大好きというつよみを活かして、起業します！」

「大好きな〇〇に打ち込んで、フォロワー5万人、副業で1千万円！」

こういう発言って、なんだかキラキラしているんですが、発信している人はみんな違うはずなのに、〇〇の部分がみんな似ています。

好きという入口は飾りで、もしかすると「お金が儲かって人に認められる」という出口があるから、好きなふりをしてるんじゃないかと疑いたくもなってきます。

何より、「そういう発信って疲れへんのかなあ?」と思うんです。

僕が思うに、ハードルはできる限り下げたほうがいい。人のためになることをやろうとするのは尊いし、それでお金を稼げるようになったら言うことはありません。

でも、それができないなら、「頼まれたこと」だけやればいい。

自分に何ができるかはわからないけれど、誰かに何かを頼まれたら、「わかった」と言って懸命にやる。自己表現やら合理性やらはいったん捨ててしまい、人のために自分は何ができるかを追求してみる。そのうちに、誰かの役に立つことが見つかるんじゃないでしょうか。

## 浜田と松本の真っ白なスケジュール表

なんの取り柄もなく吉本に入った僕は、芸人たちに頼まれたことを、その都度その都度、一所懸命にやってきました。

さんまくんや紳助くんが頼んでくれたことで「え？　俺に頼んでくれるの？」という感動やびっくりがありましたし、時には上司の命令が頼まれごとになりました。何より良かったのは、頼まれたことを一所懸命やると、頼んでくれた人がすごく喜んでくれたことです。それでもっと一所懸命やれるようになります。

一所懸命ではあったけれど、特別な才能があったわけではありません。

「どうしたら売れるんだろう？」と浜田くんと松本くんが僕を頼ってくれた時も、誰でもできるようなことから始めました。

とりあえず形から入ろうと、吉本芸人なら誰でも持っていたスケジュール表をつくりました。当時は1か月30日を3つに分けて10日分にしたスケジュールで、「なんば花月の上席、中席、下席」を埋めていきます。テレビや営業の仕事も次々ブッキングしていきます。「来週はこれでお願いします」と芸人に渡すのですが、あの頃の二人はさっぱり仕事が入っていなかったので、予定は真っ白。

「真っ白なもんを渡すわけにはいかへんしなあ」

と、僕は「打ち合わせ・コントの稽古・衣装になる古着を買いに行く」という項目をつくってびっしり書き込み、それぞれのスケジュール表に「浜田雅功様」「松本人志様」と書いて渡していました。

これがエライもんで、浜田くんと松本くんもバカにすることなく、逆に喜んで目を輝かせて、その通りの予定をこなしてくれました。一心不乱にネタを考えていた松本くんの張り詰めた横顔を、今でもよく覚えています。

「そこの洗濯物、片付けといて」でも、れっきとした頼まれごとだと思います。「この人なら、洗濯物を畳んでしまえる」と評価しているから、頼んでくれているはずです。

「できると認めて頼んでくれたから、精一杯こたえる」という繰り返しで、できることが増えていく。やってみて喜ばれると、そのことが好きになっていく。

「好きなことを仕事にする」というのはスタート時点で考えなくていいけれど、いろんなことをした結果として、「好きなことが仕事になる」というのはあると思います。

何が好きか、何が向いているかは置いておいて、どんな仕事でも、とりあえず与えられたことを一所懸命にやってみる。やっているうちにだんだんと好きになり、やり続けたことは認められる。そんなふうにも思っています。

## 吉本がマフィアの街へお引っ越し!?

新宿の駅ビルに、劇場「ルミネtheよしもと」をオープンさせたのは2001年。

若い芸人と若いお客さんがライブをする場所として人気は定着し、2011年に行われた10周年記念イベントには、当時の新宿区長だった中山弘子さんがお祝いに駆けつけてくれて、一緒に鏡開きをしました。

中山弘子さんは「任期が終わったら普通のおばあさんに戻る」とおっしゃる素敵な人で、今は主婦をしておられるそうです。その中山さんに鏡開きの後、こう聞かれました。

「ねぇ、大﨑さん、歌舞伎町ってどう思う?」

「そりゃ歌舞伎町って言ったら、日本一、アジア一の繁華街じゃないですか!」

区長さんの質問だから持ち上げ気味に答えたわけでなく、猥雑なアジアが好きな僕にとっては、混沌とした歌舞伎町はヘンに落ち着く魅惑の場所です。

「じゃあ、来ない?」

「行きます行きます!」

中山さんの言葉はてっきり、「新宿区役所に遊びにいらっしゃい。ご案内した後、ランチでもしましょう」という軽い意味だと思って即答したのですが、よくよく聞くと、「新宿の再開発計画の一環として、吉本の会社ごと歌舞伎町に引っ越してこないか」という意味でした。

２００４年に石原慎太郎都知事が「歌舞伎町浄化作戦」を呼びかけ、街は一時期よりクリーンになりました。それでも十数年前の歌舞伎町は今より荒れていて、もともとはエンターテインメントの街なのに、チャイニーズマフィアが跋扈していました。ジャパニーズマフィアも負けてはならじと、なんとか組の怖いお兄さんたちが危ないやりとりを繰り広げたり、風俗店が荒っぽい呼び込みをしていたり。トー横キッズは登場していませんでしたが、ホストやスカウトがあふれ、まあまあガラが悪かったんです。

心を痛めた中山さんは、吉本を誘致することで、マフィアの街から、「歌舞伎町」という本来のエンタメとコンテンツの街に変身させたいと考えていたようでした。

## 子どもたちの「気」が残る場所

「歌舞伎」の語源は「かぶく（傾く）」の名詞形。辞書を引けば「並外れたものや普通ではないものを示す」とありますが、それに後年、「歌（音楽）、舞（舞踊）、伎（技芸）」の字を当てはめたもののようです。

つまり、歌舞伎町はエンタメの街、僕らや芸人たちにとってもご縁のあるところなんです。

会社が移転するというのは結構な大ごとですし、お笑いも何度目かの曲がり角を曲がり、新たなエンタメ産業へと生まれ変わろうとしているタイミングでした。

吉本はすでに大阪本部と東京本部の2トップ体制となっており、神保町に創業家が購入した東京本部ビルがありました。

「歌舞伎町も、おもろいんちゃうか。行きます！　って返事しちゃったしなあ」

僕は当時副社長でしたが、さすがに東京本部移転を勝手に決めるわけにはいきません。電話をかけたのは、当時の社長であり大阪本部にいた吉野伊佐男さん。

「創立90年の廃校になった小学校が歌舞伎町の真ん中にあるんですが、どうでしょう」

一大案件なのに吉野さんも軽く「ええなあ！　引っ越そ、引っ越そ」とあっさり承知。

僕も吉野さんも、下見にすら行っていないのに、決めてしまった——直感なのか、いい加減なのか、両方なのか。

社員のみんなは大ブーイングでしたし、役員会でもさんざんクレームが出ましたが、引っ越してみて大正解だったと思っていますし、今では社員も同じ意見です。

かつて廊下や運動場を駆け回ったり、転んだり、泣いたり、笑ったり、大きな声で歌ったりした子どもたちの歴史がある場所。校舎や体育館はもちろんのこと、戦時中の防空壕（ごう）まで校庭の片隅に残っています。

笑いの会社が、楽しいことが大好きな子どもたちの「気」が残る場所でやっていくのは、ぴったりだという感覚もありました。僕は「勉強嫌いの学校好き」みたいな子どもで、その頃の気持ちが今もどこかにあります。

もちろん周りは現在も飲み屋だらけ。チャイニーズマフィアが去ってもヤクザの事務所がすぐに消えたわけではありませんが、近くの交番の方がまめに見回りに来てくれたりして、居心地も最高です。

## 〝けったいなもの〟を生みたくて

入社したてで笑福亭仁鶴さんの担当になり、新幹線の中でボソッと僕に言われたことがあります。

「お笑いって何をやってもいいんやけど、ベースに愛がないと成立せえへんのやで」

吉本は笑いの会社で、笑いというのは「愛情」をベースにした人と人とのつながりです。

でも、合理性を求めすぎた瞬間、愛情と人間くささは消えてしまう。放っておいても人間くささがどんどん消えていく時代に、自分から消すような間違いをしたら、エンタメの世界で生き残っていくこともできないし、人を幸せにする手伝いもできないでしょう。

しかし、便利なものは便利ですし、そちらはそちらで進めていかなければいけません。会社ひとつとってみても福利厚生や待遇、契約条件、ＤＸ化など、絶対に近代化していくべきことはたくさんあります。

合理的に考えれば、エレベーターのない学校をオフィスにするなんていう発想は、まったくバカバカしいものです。

でも、日本茶とおんなじで、全部きれいに濾過（ろか）したらうま味まで抜けてしまう。不便さの中にある雑味が、笑いだったり、感動だったり、愛情だったりを生むと僕は思っていますし、「小学校の古びた校舎で働く」ことで他の会社には生み出せない〝けったいなもの〟が生まれると信じています。

・なつかしさがある
・愛がある
・笑い声がある

効率化だけを求めてしまったら消えてしまう雑味が、学校には残っています。なんとかヒルズならエレベーターのボタンを押して移動する、もしくは社内メールやオンラインで済ませるところを、トコトコ階段を上って話をしに行く。

木でできた廊下のこっちとあっちで顔を合わせ、「あれどうなってる？」「領収書、早く出してください！」と、小さな社内コミュニケーションができます。

昔の建物だから、夏には風通しが良く涼しい代わりに、冬がめっちゃ寒い！　それでも社員は厚着で仕事をしたり、足元用のヒーターを買ったり、受付で焚（た）いているストーブの赤い火にみんなで当たって「寒いなぁ、ちょっと当たらしてよ」なんて話をしたり。

学校という子どもの頃のなつかしい原体験とつながる「場」があることで、社員同士がゆるやかな共同体の意識を抱くことができます。

来てくださるお客さまや取引先の人も、「どうもはじめまして」と名刺交換しつつ、打ち合わせや会議がビジネスライクになりすぎません。

まるまる全部とは思いませんが、全体としてそういう人間くさい空気があるので、そこからつながりが生まれます。

校庭は無駄のように見えますが、僕は朝早く出社して、

「都会の真ん中でも、空がぽこっと抜けて広いなあ。意外とかわいい野鳥が来るんやなあ」

と眺めたりします。日中は若手の芸人たちがYouTubeの動画を撮っていたりしますし、一見、無駄のような空間が、新しいものを生み出す「場」になっているんです。

便利さだけで合理化していくと、忘れてしまう大切なこと。

なつかしい吉本の未来でしょうか。

いい会社に勤めてると勘違いしたら、見落としてしまうこと。

そこを忘れずに守っていくことが、成功よりももっと心地よい、みんなが笑える世界につながるんじゃないでしょうか。

# 10

# みんなにわかってもらおうとしない

本当の自分をわかってもらいたいって、いつの時代でも人の世の切実な願いだと思います。

見た目の印象で「こういうタイプだろう」と決めつけられ、勝手に「つまんないやつ」などと言われたら傷つきます。

・そんなこと言っていないのに、「あいつがこう言っていた」とデマを流される
・やってもいないことをやったと誤解され、憎まれる
・イメージや思い込みで、自分のキャラが理解されない

そんな渦に巻き込まれたら、これはなかなかしんどいものです。

フランソワ・トリュフォー監督の『大人は判ってくれない』という映画は日本でも古典的名作とされますが、フランスの原題『放埒(ほうらつ)に生きる』のまま公開されたら、あんまり人気を集めなかったんじゃないでしょうか。

これまた古くて恐縮ですが、中森明菜は「本当は臆病　分かってほしいのあなた

…」と少女Aの心情を歌いましたが、このワンフレーズは、今の人たちにも刺さるんじゃないでしょうか。

誰もわかってくれない――子どもでも少女Aでもなく、〝おっさんO〟である僕も、そんな心境でした。

## 「吉本お家騒動」のはじまり

「『彼』をそろそろ役員にしてほしい」

その人物はホテルの個室で向き合うなり、おもむろに切り出しました。実業家というのは表の顔で、元は暴力団幹部という噂がある。側近だという人を伴っていましたが、こちらもその系に見えました。

吉本の社長だった吉野さんと副社長だった僕にその人物が接触してきたのは、吉本を自分の思い通りにする際に僕たちが邪魔だからでした。

単なるヤクザ者が絡んできたなら、弁護士や警察の力を借りて撃退すればいい話です。そもそも反社会的勢力との接触自体がやばいのに、そうもいかずにこうして会っている——なぜならそろそろ役員にすべきという「彼」は、当時吉本のチーフプロデューサーとして働いていた林裕章前会長の息子です。僕の目の前にどっかり座った人は、「彼」の母で裕章前会長の妻・マサさんと懇意にしていました。

これがいわゆる「吉本お家騒動」のはじまりでした。

「吉本の創業家とのあれやこれや」と以前に書きましたが、厳密に言えば林家は創業家ではありません。

吉本興業の創業者は吉本吉兵衛さんであり、吉兵衛さんが病気で早くに亡くなったあと、跡を継いだのがその奥さん、旧姓・林せいさんです。いろんな小説やNHKの朝ドラのモデルになったので、ご存じの方もいるかもしれません。

せいさんの弟たち、林一族が入社して事業を拡大。基本的に林家が吉本の実権を握ってきました。

裕章前会長は、百人一首の猿丸太夫の血を引くという由緒ある猿丸家に生まれて林家のお婿さんになったという人で、お笑いが好きで大らかな人柄でした。

## 大﨑に吉本が乗っ取られる⁉

林裕章前会長が2005年に急逝すると、魑魅魍魎(ちみもうりょう)が吉本に襲いかかってきました。跡を継いだ吉野社長は真面目で控えめな好人物ですが、あやしい人たちと巧みに渡り合ってきた興行の世界を牛耳るには、あまりにも上品な方でした。

「吉野も僕も、社長だ副社長だと言ってもしょせんサラリーマンです。定年が来たら去る人間です。『彼』がいずれ社長になるのは決まっているのだから、まだ30代で未熟な彼を、大慌てで役員にするのがいいとは思えません」

そんな僕の言い分をその人物は受け流し、内ポケットから1枚の紙を取り出しました。見れば、いくつもの企業とその社長の名前が書いてあります。

「どんな大会社の社長さんでも弱みはあるもんや。俺はその弱みを突いて、いくつもの社長の首を獲ってきた。マサさんの持ち株も任せてもろうてるし、銀行さんとも話はついとる。なあ大﨑さん、会社ってなあ、ちっちゃいことでも言うこと聞けへんやつがいたら潰れてまうんやで。あんたかて叩けば出る埃も、あるんとちゃうか」

翌日、僕はこの件を役員会にかけ、弁護士や警察と相談しました。しかし林マサさんがかかわっていることですし、「身内の話し合いで収めよう」となったのです。

ところが全然、収まらなかった!

ある週刊誌に「吉本興業専務・脅迫事件」とスクープが出れば、別の週刊誌には「大﨑たちに吉本が乗っ取られる」という主旨の林マサさんの手記が載る。吉本を守ろうと、僕たちの側に立ってくれた芸人の中田カウスさんのこともさまざまに報じられ、身内で収まる状況ではなくなっていきました。

## 上場60年の吉本を非上場に

会社側は財務状況や事業計画を説明し、株主との質疑応答があり、お土産をもらって終わる——そもそも厄介な質問があっても、あらかじめ決めてある答弁通りにとどめて議事進行していくのが株主総会の定番でした。

吉本にしても、長年のファンだというおじいちゃんおばあちゃんの株主さんが多く、決まりきった報告の後に芸人の出し物を見ていただき、お菓子を配っておしまいという時代が長かったんです。

ところが事態は変わりました。２００９年、大阪の厚生年金会館の大ホール。吉本興業の株主総会に詰めかけてきたのは、あらゆる反社集団。

任侠(にんきょう)映画であれば大物俳優が演じるレベルであろうキャストが、当然のように勢揃いしています。ひと口しか持っていなくても立派な株主であり、総会に参加できますから、80人ほどの手下と思われる輩たちが、強面(こわもて)な態度と服装で株主席に陣取っていました。

執拗に繰り返されたのは、カウスさんへの疑惑、社内使途不明金疑惑、僕が会社のお金を不正に使い込んだという疑惑。根も葉もないことなのに、声高に発言されるとこちらがあたかも弁明しているかのようです。

荒れに荒れる壇上で、吉野さんは大汗をかいて言葉を詰まらせています。吉野さんの自宅隣の空き地にブルドーザーがやってきて、朝から晩まで無言で穴を掘り続けるような陰湿な嫌がらせも受けていましたから、精神的に限界が来ているようでした。


その年の9月、僕たちは吉本の「上場廃止」を目指すことを発表しました。大阪・東京それぞれの証券取引所で60年も続いた一部上場が断ち切られる。文字通り言語道断のような決断でしたが、吉本が反社会的勢力に乗っ取られないために、それが唯一の方法と判断してのことでした。

戦前から続く興行の世界がヤクザと無縁であるはずがなく、長い歴史の中ではいろんな貸し借りもあったでしょう。

しかし吉本はもう、寄席や劇場を中心とした家業ではない。6000人のタレントを抱える芸能事務所であり、劇場運営会社であり、養成所もあればテレビ番組の制作会社でもあります。社会もまた、暴力団とのつながりを許すようなものではなくなっています。

上場企業は株主に利益を還元するのが当然のことですが、誰でも買える株を反社会的勢力に買い占められたら、「株主様＝反社の皆様」になってしまいます。林家の持ち株も彼らの意のままでは、上場していたら反社に乗っ取られるのは時間の問題でした。

もうひとつ僕がかねて気になっていたのは、上場会社としての経営のやり方です。「月次で事業成績を出し、クオーターベースで審議を受けて、ＩＲ活動で世界を回る」これは上場企業がどこも当たり前にやっていることですが、僕たちの仕事は工場で自動車やら食品やらをつくっているのとは違います。

期待の番組が大コケしたり、鳴かず飛ばずの芸人が突然大ブレイクしたり、何が起こるかわからないのに、毎月の数字で評価するのは無理があります。長期的視点を持たなければ、お笑いだろうが映像コンテンツだろうが育つはずがありません。

「当たるか当たらないかは、やってみなわからん。チャレンジして失敗したら、どっか別のところでがんばって当てる。それを『四半期の決算で数字が伸びていないので、企画を打ち切りましょう』なんて杓子定規にやってられるか！」

しかし、非上場にするしかないと決めたものの、具体的にどうすればいいのかわからない。そこでまずは、東大で経済学を学び、日本ばかりか外資の銀行でもキャリアを積んだ知人に相談し、役員会で発案する内容を箇条書きにしてメールしてもらうことに。

「外部環境の急激な変化の中、我が社は中長期ベースで事業をやっていくべきだ。上場したまま短期ベースで数字を追いかけると、経営基盤が揺らぐ危機に陥るのは自明……」

メールで届いた〝カンニングペーパー〟をもとに、僕は役員会で非上場にすべき理由を訴えました。こうして吉本は、上場廃止に向けてスタートを切ったのです。

## ４２０億円の連帯保証人になった日

「目指すのは吉本興業のＴＯＢ（株式公開買付）です。普通はスポンサーになる企業か投資会社を探しますが、吉本にそれはない。そこで吉野社長、大﨑副社長、中多の３人が４２０億円の連帯保証人になります」

銀行や弁護士さんたちの前でこのように説明したのは、当時の財務担当取締役だった中多広志くん。

アメリカの公認会計士の資格を持っており、銀行勤務時代はニューヨークのメディアのＭ＆Ａを手がけたバリバリのエリート、ファイナンスのプロです。２丁目劇場をやっていた頃、「大学の後輩なので一度食事でも」と手紙と資料をくれたことで知り合いました。最初に見せてくれたのは「吉本はアジアのＣＡＡになれるか?」というレポートで、ＣＡＡというのは「クリエイティブ・アーティスト・エージェンシー Creative Artists Agency」という、俳優、歌手、監督まで抱えるハリウッド３大エージェンシーと呼ばれるところのひとつです。

金融や経営用語を駆使し、実際の経験をもとに「世界のエージェンシーになるにはどうすべきか」といった提案をしてくれる彼に、ずいぶん勉強させてもらいました。

吉本に入ってもらった当初は「Ｍ＆Ａってチョコレートか？」というレベルの僕につきあってもらっていましたが、いよいよ中多くんのスキームに賭けることになったのです。吉野さんも関西大学だったので、出来は違うとはいえ、関大トリオの連帯保証人です。

実を言えば、中多くんの言う４２０億円の連帯保証人というのが今ひとつ、わからない。そんなお金はどうやったってつくれず、それは吉野社長も中多くんも同じでしょう。

決意はあるけれど知識が足りない僕に業を煮やしたのか、中多くんが「吉野社長は、商学部ですよね?」と援軍を求めるように問うと、社長の答えは「グリーや」。

学生時代は授業に出ず、グリークラブで歌っていた——そりゃ知ってるが吉野さん、この状況で呑気すぎやろ(笑)!

個人が会社を背負うという、普通ならまず引き受けないであろう決断を、僕らはあっさり「ほな、やるわ」と承知した。これは吉本を愛していたという理由だけでなく、どこかアホだったからだと思います。

## 吉本を狙う日米の刺客

非上場化を成しとげる前に、反社会的勢力に株を買い占められたら即アウト。敵対的買収が成立し、乗っ取られてさようならです。2005年には、堀江貴文さん率いるライブドアがニッポン放送を、三木谷浩史さん率いる楽天がTBSを、それぞれ買収しようと動いて話題になりました。

反社ばかりでなく、アメリカのいわゆるハゲタカファンドも、吉本を食おうと触手を伸ばしてきました。

「しかし、なんでアメリカの投資会社が吉本を狙うんや」

中多くんが急遽1泊3日でニューヨークに飛び、あの手この手で調べてみたら、ハゲタカファンドと結託していたのは、僕の知っている日本の有名なレコード会社やEコマースの会社でした。


つまり、吉本を乗っ取ろうと企てている日本の某有名企業の三社連合が筋書きをつくり、まずアメリカのハゲタカファンドを通じて買収しようとしてきたということでした。吉本だけで闘おうとしたら、食われてしまうことは明らかです。

「最悪の場合はホワイトナイトになってください」

SBIホールディングスCEOの北尾吉孝さんにお願いしたところ、初対面で面識もなかったのに快諾してくださった。ハゲタカファンドなどに敵対的買収を仕掛けられた時、さっと登場して友好的買収をしてくれるのが「ホワイトナイト」ですが、まさに騎士のような対応でした。

幸い、ホワイトナイトに登場していただく事態にはならず、最終的に元ソニー会長の故・出井伸之さんが代表を務めるファンド会社がＴＯＢをしてくれたことで、吉本は上場廃止、生き延びることができました。

## ピンチヒッター的社長就任

「社長、代わりましょか？　僕、代わりにしゃべりますよ」

かつて荒れる株主総会で、やさしさと真面目さゆえに疲労困憊していた吉野社長に横から声をかけ、僕は代打を務めました。

それと同じように、非上場を決めたタイミングで、「吉野さん、社長、代わりましょか？」と告げることになりました。２００９年のことです。冷静に考えると我ながら失礼極まりなく、「あんなことよう言うたなぁ」と呆れるのですが、吉本がこのまま反社会的勢力に取り込まれてしまわないためには、それしかないと思っていました。

吉野社長は気を悪くするどころか「おお！　やってくれるか。任せるわ」と満面の笑み。

こうしてアホ社員だった僕は、吉本の社長になってしまいました。社長就任はすなわち、林家と正面からガチンコ対決することも意味していました。

僕が入社した時のトップは、吉本を大きくした林正之助さん。雲の上の存在で話す機会もありませんでしたが、次の八田竹男社長、中邨秀雄社長は吉本を飛躍させた人たちで、林一族ではない人。

その後の林裕章会長は、林家の御令嬢のマサさんのお婿さんとはいえ、大らかな懐の深い人でした。女性問題やらあやしい勢力とのつきあいやら、清濁併せ呑むキャラでもありましたが、大阪吉本と東京吉本の対立や社内の権力争いも、穏やかに包んでくれる存在だったのです。

## 自宅の庭に現金50億⁉

社長就任時の株主総会も、開会宣言をする前から最前列で反社会的勢力の人たちがわーっと叫ぶ有様で、大阪南警察署の大勢の捜査員に来てもらっての開催でした。

一方、マサさんは、「大﨑はダウンタウンの成功を利用して私腹を肥やしている」という疑いの目を、僕にずっと向け続けていました。

まだ裕章前会長が元気な頃、吉本系の制作会社の代表が所得税法違反で起訴されるという事件がありました。制作費の一部を私的に着服したという疑義でした。

その際、彼と親しかった僕も国税局から任意の事情聴取を受けたことがありますが、無事に帰還。ところが社内には僕に疑惑を抱き続ける人たちがあらゆる噂を流していました。

大﨑はダウンタウンの威光を笠に着て、制作費を着服している。
高級時計を何本も購入し、外車を買った。

愛人が何人もいて、浮気をしまくっている。

ヤクザと私的につながりがある。

国税調査で隠し口座が出てこなかったのは、自宅の庭に50億を埋めたからだ。


社内に怪文書も出回りましたし、マサさんたちに呼び出され、面と向かって「どうなの、大﨑くん。申し開きはないの?」と尋ねられたこともあります。

プロデューサーは制作費の一切を任されます。現場は流動的で、「このセットの制作に200万」と予算を出したけれど、「180万で収まったわ」ということは珍しくありません。これをどんぶり勘定と言われたら確かにその通りですが、予算通りにきっちりいかないのは、一般企業でも同じでしょう。

こうしたお金のことで、僕にやましいところはありません。

ヤクザと会ったことはありましたが、それは僕の個人的なつながりではなく、昔から吉本と縁があるヤクザや、芸人目当てに寄ってくる反社会的勢力への対応でした。

一番笑ってしまうのは、「自宅の庭に現金を埋めてうんぬん」。1億円の1万円札を積み上げたら1メートル、10キロほどにもなります。僕の自宅の小さな庭に埋めるには、井戸を掘る勢いで大工事をせねばならず、近所にバレまくるでしょう。

でも、僕はこうした説明を一切しませんでした。

そのままにしておきました。いくら正しくても、いくら相手の言いぶんが愚かでも、誤解を解くことはできないと感じたのです。

「いやー、マサさんは喧嘩上手や。いくら歯向かっても、大﨑さんの負けや」

役員会の席で、僕の正面に座っていた、社外役員を務めていたとある証券会社の社長に言われました。その時、僕はただ、これだけを言いました。

「大﨑富三郎。大﨑益子」

「は?」

「僕の親父とお袋の名前です。あくどいやつだと疑われている僕にも、もう亡くなりましたが、父親がいて母親がいます。僕は両親が泣くようなことはしていません」

## わかってくれる人は「みんな」でなくていい

僕の場合は、いささか波が高いのですが、みんなトラブルの大波小波を経験していると思うんです。全員が味方じゃないから、時には誤解されることもあるでしょう。

・誤解されたら悔しい
・侮辱されたら腹が立つ
・本当のことを説明したい

証拠を集めて、理論武装もして、誤解を解きたい気持ちは痛いほどわかります。でも、いくら正直に本当のことを言っても、いくら相手が間違っていたとしても、解けない誤解もあるんです。だって感情は理屈でほどけないから。

弁明が意味をなさないことは、この世の中に意外とたくさんあります。

あきらめずに闘い続け、相手が「わかりました、参りました」と折れるまで言葉を重ねるやり方もあるでしょう。

でも、仮に「誤解だった、申し訳ない」と土下座して相手が謝ってきたとしても、腹の底から納得しているかと言えば、残念ながらそうでもありません。

だから僕は、「みんなにわかってもらおうとしない」と、あきらめたんです。

・言い訳をしない
・説明をしない
・誤解は解けないとあきらめる

ただしこれは、一方的に我慢しろ、という意味ではありません。

「世界中の誰もわかってくれなくても、この人だけは、わかってくれている」そういう人を心に抱いて、その人に恥ずかしくない自分であり続けるという意味です。

僕にとってはそれが、大﨑富三郎と大﨑益子。死んだ父と母でした。

人生には闘わなければいけない場面もあり、だから僕は上場廃止という決断をし、林ファミリーには退出していただきました。でもそれは、自分への「誤解」を解くためではなく、創業110年になる歴史ある吉本を守るための闘いです。

僕に対する誤解は、闘う価値すらない、今ではそう思っています。

わかってもらう必要がない人に、わかってもらおうとして費やす力があるなら、他のことに使ったほうがずっといい。

そして、たとえ死んでしまっていても、たとえもう会うことがなくても、「この人だけは、わかってくれている」という存在が心の奥にいたら、どうでもいい人に誤解されていることくらい、どうでもよくなってくるんです。

こう思えるようになるまで、ちょっと時間はかかりましたけどね。

# 11

## ルールを決めすぎない

友だちでも恋愛でも夫婦でも、組織のメンバーでも同じだと思います。

誰かと誰かが一緒にいる時、どちらかが「もう嫌だ」と言ったらそれでおしまい。関係が成立しないわけですから、理由がなんであれ別れるしかありません。

円満に和やかに別れるのか、さんざんやり合っていがみ合って別れるのか、反省とともに縁を切るのか、ディテールはいろいろだけど結局別れることになります。

どっちがいいとか悪いとか、どっちの勝ちとか負けとかでなく、それが関係性というものです。

何を書こうとしているかと言えば、あの話。

吉本芸人の「闇営業問題」です。

## 吉本芸人・闇営業問題

「もう知ってるよ」という人も多いと思う新しい出来事ですが、2019年6月、吉本芸人が会社を通さず、闇営業をしているという報道が出ました。窓口になっていたのは元カラテカの入江慎也さんで、営業先が反社会的組織だったために解雇となりました。

彼を仲介として営業をし、謹慎処分となった13人の芸人の中には第一線で活躍する売れっ子もおり、元雨上がり決死隊の宮迫博之さん、ロンドンブーツ1号2号の田村亮くんが記者会見を開いたことで、大変な騒ぎになりました。

この問題の根っこには、吉本の待遇の悪さ、ぶっちゃけて言えばギャラの支払いの悪さがあるとして、会社に非難が集中。芸人は同情され、宮迫さんと亮くんに僕ら経営陣がパワハラで圧力をかけて会見させまいとした、なんて話も飛び出しました。

こうして岡本昭彦社長は、5時間半にわたって記者会見を行ったのです。

「史上最低の記者会見」

「リーダーが一番やってはいけない謝罪」

叩かれようはさんざんなものでしたが、僕は正解だったと思っています。

芸人・タレントがおよそ6000人、社員が1000人。100年以上続いている興行会社ですから、沈殿したものがあるのは事実です。人が人を扱っている以上いろんなことがあります。

## 「史上最低」と言われた記者会見の裏側

「正解だった」というのは、あの会見が素晴らしかったという意味ではまったくありません。難しい局面にもかかわらず、事前に岡本社長と相談した「絶対に守るべき最低限のこと」は守り通せたという意味です。

最低限のことのひとつは、非上場にした際、株主になっていただいたテレビ局や各企業に迷惑をかけないこと。

もうひとつは、記者たちの誘導にはまらないこと。

非上場化の際に各放送局に株主になってもらったために、「どうせテレビは吉本の味方で、都合のいい情報しか流さない」と決めつけているマスコミや記者たちもいて、そんな誤解を解く必要がありました。もっとも、テレビ局は吉本と癒着して手加減するどころか、毎朝のテレビのワイドショーで思いっきり叩いてくれたので、幸か不幸か疑いはすぐに解けたのですが……。

また、取材する側は最初から、「吉本経営陣のパワハラがあった」という筋書きをつくっています。

「強欲であくどい大﨑・岡本コンビVS.搾取されている芸人」

この構図はわかりやすいですし、昔から組織のトップは「悪役」と相場が決まっています。世間は顔を知っている芸人の味方です。

マスコミはそれを熟知しているから、構図にぴったっとハマるコメントが取れるまで、いろんな角度で、繰り返し繰り返し質問してきます。1時間も2時間も聞かれていれば麻痺(まひ)してきて、誘導のような質問に引っかかってしまう……パワハラはなかったのですから、ここは守らなければいけません。

予想通り、質問は執拗でした。つきあいのある記者まで、人が変わったように、

「あれはパワハラだったんでしょうか」

「自覚はなくてもパワハラと受け取られる発言ではありませんか」

「その言い方がパワハラとは思いませんでしたか」

と、繰り返し岡本社長に迫りました。

会見後、その記者に電話をしました。「あの聞き方はさすがにひどいんとちゃうの？取材って、自分のほしい言葉を無理やり言わせることなの？」と尋ねると、彼は苦しげに答えました。

「すみません。生配信なんでデスクがパソコンで記者会見をずっと見ていて、携帯に1分おきに『もっと言わんか、絶対にパワハラと言わせろ』とがんがん電話とメールが入るんです。本当にすみません……」

これはメディア全体でよくあることで、その記者を責めても「しゃーない」というところ。本当のことを報じるより、みんながほしがりそうな言葉を報じるのが目的なのですから、争っても無駄です。岡本社長には、逃げずに5時間半、クソ真面目に立っていただけで「ようがんばったなあ」と伝えました。

「ところでおかもっちゃん、会見で泣いてたやんか。あれはどうして？」

「気がついたら、前にいるフリーの女性記者さんたちが泣いてはるんですよ。それ見ていたら、なんや知らん、泣けてしまって」

超がつく体育会系で、男性社員にはマッチョなもの言いをすることもありますが、僕は岡本くんのやさしさを知っています。

会社は魑魅魍魎の棲家で、嫉妬から人事をいじくる人がいたり、裏切る人がいたり、味方の顔で足を引っ張る人がいたり。僕に仲間は多くはいませんでした。

でも、おかもっちゃんだけはいつも静かな声で、「はい、わかりました」と受け止めてくれました。

身内贔屓と言われるのを承知で書けば、岡本社長は経営者としてみんなが思うより
はるかに優れていますし、何より芸人への思いが本当につよい。

後から聞いた話ですが、騒動の際、写真週刊誌は経営側の弱みを摑もうと、「大﨑
を追いかける班」と「岡本を追いかける班」の二手に分かれたそうです。
「岡本さんを1週間張り込みましたが、朝、家を出て会社に行って、夜中まで会社に
いて、帰ったら寝る。立ち寄る場所はラーメン屋とコンビニだけでした。それが毎日
ですよ！　趣味もないんですかあの人は?」という結果になり、「時間の無駄だから
岡本班は解散しよう」となったらしい。

そのぶん、不真面目であやしげな行動が多い僕が追われることになりましたが、そ
れはともかく、「夢を与える仕事の芸人さんが、気持ちよく仕事ができるようサポー
トをする」ということしか、岡本社長の頭にはありません。

「はい、わかりました」と返事をするのは、これからは僕のほうです。

岡本社長の良さは記者会見では一切伝わらなかったと思いますが、それでいいんです。僕たちには、もっと大切な芸人さんたちの現場の仕事がありました。

## 6000人の芸人全員に所属確認

「吉本のギャラは安い。取り分は9：1」

これをネタにしている芸人は大勢いて、世間の人たちも信じていると思います。

業界の事情を知っている記者ですら、「吉本は芸人を搾取している」「ろくにギャラを払わないから闇営業せざるを得なかった」と本気で思っている人もいました。

しかし、仮にこれが事実なら、労働基準局の調査が入ってアウト。つまり、何十年もおおっぴらに話していられるということは、事実ではないからです。

僕は当初、「お笑いのネタなんだから、うっちゃっといたらええ」と思っていましたが、そんな曖昧さが通用する時代ではもうありません。闇営業問題をきっかけに、岡本社長の指揮のもと、全社員総出で6000人の芸人・タレント一人ひとりに1年がかりのヒアリングと面接を行いました。テレビ出演や営業の仕事でいくら入ってくるか、経費はいくらか。数字もすべてオープンにして、確認したんです。

「あなたの場合はこれだけの収入で、吉本はマネジメント料としてこれだけ頂きます。それで問題があるようなら、率直に言ってください。もし了承してくださるなら、覚書を交わして再契約しましょう」

全部の数字をオープンにしたところ、「それでも契約条件を見直したい」と言ってきたのはわずか数人でした。逆に「今のままがええ。俺はビジネスパーソンなんちゃらとちゃう。水臭いから契約書なんか交わしたくない」という芸人さんがほぼ全員でした。

最終的に、ほぼ全員の芸人・タレントが了承し、再度吉本とマネジメント契約を結ぶということで、所属確認書を交わしたのです。反社会的勢力とは一切かかわらないということも再度明記しました。

そして奇妙なことに、会社の利益は上がりました。タレントへの支払いが、条件の見直しで逆に減ったんです。どうしてこんなことが起こったのでしょうか……。

## 「ギャラがたったの100円」はほんまにアカンのか

契約書がなかった時代は、何もかもがゆるやかでした。

「おふくろが病気になりました」

「子どもが事故に遭って50万円かかります」

こうしたトラブルを芸人に相談されたら「契約でおまえの取り分は○%やから、200万は無理や。銀行か消費者ローンに行けや」と言うはずもなく、「そんなら貸すわ、月々いくらなら返せるの?」という話をする。会社としてはマイナスですが、「この営業の分の5万、あのラジオのギャラ5万、多めにしとくからな」という取り決めをし、それぞれの芸人とマネージャーでやりくりしてきました。

吉本が人情味あふれるいい会社だと自慢したいのではなく、「100年以上つぶれずにやっていられるのは芸人さんのおかげ。芸人さんのおかげで飯を食ってるんだから、報いなければあかん」という気持ちがしっかりと受け継がれてきているからです。

芸人は売れる人ほどいろんなことを理解しています。

たとえば、新人が「ルミネ the よしもと」の舞台に立ってギャラが100円という時、「人を働かせておいて、ギャラがたったの100円。バイトの最低賃金の10分の1以下や。交通費にもならへん」と怒る人もいれば、「そんなもんや」と納得する人もいます。

「ルミネの家賃がいくら。スタッフは照明、メイク、音響、機材、受付やもぎりの人たちの人件費がいくら。宣伝ポスターをつくるのに1枚いくらかかって、100枚刷ったからトータルでいくら。1枚2000円のチケットが300枚売れて、芸人にギャラが行き渡るほど儲けが出るのか？　しかもその300枚が売れたのは、自分の名前ではなく、先輩芸人のおかげだ……」

ほとんどの芸人たちは、こういう事情を理解していて「ほんまは赤字のとこ、プロやということでギャラがもらえてるんや」と考えます。当然、文句は出ません。

経費の計算など一切できなくても、野性のカンなのか事情を察する人もいます。

「俺が舞台に立てるのは、まだ俺の力じゃないんや。立てるだけありがたい」

こういう人が売れていくのは、会社にとってかわいい、扱いやすい人間だからではありません。そんなケチくさい話で売れるかどうかが決まるほど、お客さんがアホなわけがないんです。

・芸人というのは、人の心を動かす仕事
・人を笑わせて幸せにするのが、芸人の仕事

スポンサー付きのイベントに出演する時、あるいは漫才の前説をする時、芸人はお

客さんの興味があるものを、察する力がなければ務まりません。呼ばれて出かけていった営業先で、お年寄りが多いのか若い人が多いのかで、相手のほしがっているものを察して、その瞬間にネタを変えられて当たり前。

つまり、根底に想像力と愛情と感謝がないと、笑いを生み出すことはできないんです。芸人と書きましたが、歌手でも俳優でもタレントでも、いや、大工さんや八百屋さん、営業パーソンまで、どんな仕事でも同じことだと思います。

## 一般人か反社か、見分けがつかない時にどうするか

闇営業問題で、僕も岡本社長も世間から「大悪人」というお墨付きをもらった気もしますが、会社にとっては適正な契約は何か、岡本社長の新体制のもと、新しい時代に即したやり方を見直すいいきっかけになりました。

今までは「そういうもんや」で済ませていたことが、時代に照らしたらもう完全にあり得ないことになっており、しっかりけじめをつけるべきだと思っています。それ

には専門家の力を借りるしかなく、警察ＯＢを顧問に迎え、顧問弁護士とともに何度も何度も社内勉強会をして、新しい吉本をつくっています。テレビや舞台など、ギャラの基準を決めたり、コンプライアンスについてわかりやすく説明した社内小冊子をタレント・芸人に配布したり、説明を何度も繰り返したりしました。

こうした取り組みに加えて、24時間体制のホットラインを設けました。いくら備えても、トラブルは１００％防げないためです。

たとえば、「ルミネ the よしもと」に出演した若手芸人が新宿の居酒屋でお酒を飲んでいる時、お客さんに声をかけられたとします。

「ライブ見てましたよ！　おつかれさまです。一杯、おごらせてください」

その場の雰囲気もありますし、断れないこともあるでしょう。「記念に写真を」と言われれば、ノリで応じることがあるかもしれません。

しかし、その人がファンなのか、実は笑顔に下心を忍ばせた反社会的組織の人間なのか、区別はつきにくいものです。いかにもなヤクザは姿を消し、今は真面目な会社員みたいなスーツを着ていたりするのですから。

「わかんない人と写真を撮ってしまったけれど、大丈夫ですか?」

そんな場合に備えて、夜中の2時でも3時でも相談できるホットラインをみんなで相談して設置したのです。

僕が林家と対峙していた頃、会社はバラバラでした。「亡国の輩、吉本興業・大﨑を殺す!!」と書かれても、当時の役員も上司も顧問弁護士も、誰も助けてくれませんでした。


しかし、今はもう違います。非上場にすると決めた時、闇営業問題の時、それはそれは大きな波だったけれど、乗り越えるたびに会社がひとつにまとまり、変わっていくのを全身で感じました。

事件が起こるたびに、反省して、謝罪して、原因を調べて、悪いところを直して、新しく出発していく。それの繰り返しです。そうやって、居心地の良い居場所をつくりたい。

芸人さんたちとの関係も、良くなっているのだと思います。たとえば非上場化を発表する直前に、「事前に漏れるのはまずいが、マスコミ報道で芸人さんに知らせるわけにはいかない」と社員みんなで相談し、「前日の夜11時」のスケジュールをぴっちり把握し、担当マネージャーがほぼ同時に、直接、口頭で伝えることにしました。

明石家さんまくん、桂文枝さん、桂文珍さん、ダウンタウンの二人、月亭八方さん、桂きん枝さん、中田カウス・ボタンの二人、西川きよしさん、ナインティナインの二人、今田耕司くん、東野幸治くん……。

おしゃべりな芸人たちなのに、非上場の話は一切漏れず、公式発表までみんな胸にたたんでおいてくれました。

だけど。

でも。

それでも。

僕は吉本を、「完璧にルールに則(のっと)った正しい会社」にしたくはありません。

宗教史学者の中沢新一さんが、『週刊現代』の連載「今日のミトロジー」に「吉本の海」と題した記事を書いてくださったのですが、それによると、「原大阪人」は海を渡ってやってきた海民だそうです。

母神は海であり、太陽神との間に子どもを産みます。ぐにゃぐにゃして形のない日子と海の母神の親子ペアが、海民の信仰する神さまでした。

この母子神から笑いの芸能が発達したのが「万歳」、漫才のルーツだというのです。もともとは宗教的であっても、歴史的に見れば芸能はあやしいものでした。

大坂の陣のあと、徳川家康が天下統一に向けて整備した結果、今の船場あたりまでが町の「内」、道頓堀から南が「外」と決められました。

そして外でも内でもない場所は「悪場所」と呼ばれ、人形浄瑠璃や歌舞伎などの芸能を見せる常設小屋が集められました。中沢さんによれば、これはまあまあ高級な芸能で、それ以下の庶民が見る雑多な芸能はミナミ――今の千日前にあったそうなんです。

## 生まれた時から「すみっこ」に暮らす人たち

その昔、芸人の多くは河原に住む住所すらない最下層の人たちでした。

女を売るのが売春婦。

俠（おとこ）を売るのがヤクザ者。

芸を売るのが芸人。

この3つの根っこは、同じなんです。

芸能界とヤクザのつながりがあったのもこう考えると無理のない話で、生きていくためにそれしかできない人たちが存在していたということです。

もちろん「ルーツが同じだからヤクザとつきあっていい」なんてことはあり得ません。でも、「内」でも「外」でも生きられない、正しさからはみ出してしまう人を引き受ける悪場所も世の中には必要で、吉本はそんな場所でありたい、僕はそう思っています。

僕が入社した頃は、「普通の家庭で育った芸人」の時代の始まりでした。

たとえば明石家さんまくんの実家は奈良の水産加工会社で、島田紳助くんは国鉄の鉄道マンの息子です。テレビを通じてお茶の間に入ってきても何の違和感もない、普通で感じのいい人たちです。いわゆる一般常識や正しいものさしを備えていて、世間と同じ感覚や共通項から笑いが生まれました。

でも、昔の芸人は「悪場所の芸人」。在日韓国・朝鮮人の子どもだったり、被差別部落出身だったり、ヤクザの子どもだったり。

彼らの出自が卑しいとか、おかしな人間だと言いたいのではありません。生まれた環境だけで不当に差別され、普通の人たちから仲間外れにされ、弾き出されていた人がいた、いいえ、今もいるという現実があるという話です。

極端に貧しい家も多く、暴力を振るうような親もいて、そうすると学校にも行けないし、まともな就職先もない。商売をしようにも元手がない。そんな子がなんとか生きる道を見つけようと、芸人を目指す例もたくさんあったんです。

幼い頃は極貧で、みんなが舐めている飴玉（あめだま）すら買えず、でも「ほしい」とも言えない。咄嗟に道端に落ちている小石を口に入れ、ほっぺたを膨らませて「甘いなあ、うまいなあ」と笑ってみせた——そんなつらい育ちをした芸人を、僕はたくさん知っています。


悪場所の芸人と普通の芸人たちが生み出したのが、近代漫才です。

手ぶらで、素手で、経費ゼロで始められる商売。

ハンサムじゃなくても、運動神経がダメでも、お金持ちの子どもじゃなくても、足が短くて背がちっちゃくても、会話だけでお金が取れる、職業としてのお笑い。

その人たちと組んで商売をし、一緒に世界の「すみっこ」にいるような人たちも活躍できる居場所をつくっていったのが、吉本110年の歴史です。

今は東大やら早稲田やら慶應やらの出身で、その気になれば一流企業に就職できるような芸人も増えていますが、そうじゃない人もたくさんいます。

別に貧乏なわけでもないけれど、世の中に溶け込めない人。

中心のグループから外れ、生まれた時から「すみっこ」に暮らす人。

そういう生きるのが下手くそな人の居場所でありたいから、僕は吉本を、合理的なルールによって運営される、清く正しい場所にはしたくないんです。

## 「大﨑さんが辞めるなら俺も辞める」

闇営業問題で大騒動になった時、松本くんがテレビ番組で、

「大﨑さんが辞めるなら俺も辞める」

と言ってくれたりして、僕が退陣するのではないかと心配してくれる人、逆にそれを期待する人もいました。

でも、僕に退陣なんて発想はまったくありませんでした。

「なんで俺が辞めなあかんの？　辞める理由がわからん。芸人のギャラをごまかしたわけでもない。嘘をついたわけでもない。やましいところがないんやから、絶対辞め

へん」

岡本社長とそんな話をした夜もありました。

同時に、僕ら経営陣に失望して芸人がどんどん辞めてしまうのではないか、という不安の声もありましたが、僕は平気でした。

「これで芸人全員が『吉本のやり方は納得できない。辞める』と言ったら、俺は引き止めない。辞めたかったら辞めたらええ。だけど俺は残るで。もう一度、ゼロからやる。一緒におもしろいことをやれる、今までに見たこともないやつを見つけるんや。いつかの松本と浜田のように『なんで俺ら、売れへんのやろ?』と世間をにらみつけてるような若者を見つけて、ゼロからお笑いをつくったる。大丈夫や。どうせ俺は何にもない素手で始めたんや。漫才師ってなあ、素手でできる仕事や。バットを持つわけでもなく、拳銃を持つわけでもなく、素手で勝負する。最高に弱くて最高につよい仕事で、俺はそのマネージャーや。素手のゴロツキ、ステゴロでいい。人生すごろく。もいっぺん振り出しに戻るのも、おもろいんちゃうの」

こんな時こそアホな子の本領発揮です。しぶとさは誰に似たのか、でもこれは本音です。

幸い、辞める人は数えるほどでしたが、これからも同じようなことが起きるかもしれません。それでも僕たちは辞めません。

吉本という「悪場所」を、消したくないからです。

正しさがもてはやされ、ルールに厳しい世の中です。SNSの発達によって誰もが発信できるようになったのはいいことですが、みんなが冷徹な裁判官のようになって、毎日毎日、誰かが誰かを裁いています。

・ちょっとした言い間違いでも許さない
・不適切な発言は許さない
・ルール違反は許さない

特に道徳が絡むルールについての厳しさは、年々度を越したすさまじいものになっています。誹謗（ひぼう）中傷ではない〝正しさ〟ゆえの指摘なのかもしれませんが、「そこまで言うか?!」と驚く厳しさです。道徳の中にも寛容の精神というものもあるはずです。時代遅れのおっさん丸出しで、「まあ、それくらい大目に見てよ」と言いたいのではありません。正しさも、時代に合わせたルールのアップデートが必要だけれど、あまりにもルール通りにしたら、人の気持ちは離れていく。笑いも死んでしまうと思うのです。

やたら増えているルールですが、ルールは誰のため、なんのためにあるんでしょう。

・言い間違えたら、言い直す
・不適切な発言は、訂正する
・ルール違反を「許す許さない」の前に、ルールを見直す

杓子定規にルールに合わせて裁いたほうがいいもの、ルールで裁けないものは、整

理整頓して分けるのがいい。だから吉本の社員については、学歴不問、定年廃止、ルールは決めすぎないというふうにしています。

## 吉本は芸人の居場所

新卒で採用した人たちは大卒が多いのですが、中卒の子も高校中退の子も、70歳どころか80歳を越えた芸人も社員もいます。

芸人は「歳を取ればまた味が出る」と言われ、生涯活躍する人も珍しくありませんが、人生は生もの。病気もすれば怪我もします。頭が抜群に切れてしゃっきりしていた人が、無残な老いを迎えることもあり、みんながキラキラした老人になれるわけではないんです。

それでも認知症の年老いた独り身の芸人が舞台に上がり、「さすがや。ボケで人気だっただけのことはあるわ。違和感なくて大ウケや!」という日が、月に1回でも、1年に1回でもあるって、「なんだかいいなあ」と思うんです。

社員については「吉本に定年なし」としていますが、退職金も払いたいので形式的には「定年後の再雇用」。老人ホームから出社して、日曜はゴルフに行く僕の大先輩の社員もいます。

現場の人間は動けてなんぼとされていますが、すべての芸人にやり手でしゃきしゃきしたマネージャーが合うとは限りません。歳をとった芸人には、同じように歳をとったマネージャーが寄り添う、そんな形も大いにアリです。

「昼はビフテキよりうどんがええ。やらかいのを頼むで」

これってかっこよくはないけれど、ダイバーシティっていうんじゃないでしょうか。

いろんな人がいるのが世の縮図だし、中卒で弟子入りして漫才師になる子もいる。それが吉本のDNAです。高齢の芸人の場合と同様で、似たような年恰好の社員がマネージャーになったほうが、芸人も楽しくて仕事がやりやすいこともあるでしょう。

中卒で入社した15歳の社員が、「仕事に慣れてきたと思ったら、最近、反抗期で。会議でなんでも反対する」なんて話を聞くと、かわいらしくて、おもしろくて。

居間のある家族のような会社。
遊ぶ学校(ガッコ)。
吉本がそういう存在になれたらいい。
家族のような会社に、厳しいルールは邪魔なだけです。
そうやって居場所がない人に、居場所をつくる。
それが居場所のなかった僕の夢なんです。

# 12

# 居場所を場所に求めない

手ぶらで、なんでもポケットに詰め込みます。

たばこと財布と手帳とスマホ。たまに文庫本。

たばこはしょうもないことに、やめられません。

スマホは仕事道具であり、時間潰しであり。文庫本は銭湯の友にもなります。

財布には、いざトラブルという時のために、現金を多めに入れるのが長年の癖。

手帳はごく小さくて分厚い。思いついたことを鉛筆でコリコリ書く習慣です。これは、孤独が好きで、友だちが少なくて、相談が苦手な僕にとっては性に合っています。

鉛筆が紙に擦(こす)れる感触と、下手くそな自分の文字が並んでいく様子で、心が落ち着きます。手帳とともに持ち歩く、ちびた鉛筆のキャップがガリガリ君なのは、「ガリガリ君に夢中!」という僕の秘密を知っている、秘書の川西佳代子さんの贈り物。何かでキャラクターグッズが当たったのを、譲ってくれたんです。

そうやって手ぶらで、ぺったらぺったら歩きながら、気楽にありのままでいる。そうすると自然に、自分に必要な出会いがあると思います。

いつも用心深く、荷物をたくさん持っている人がいたら、手ぶらで歩いてみたらどうでしょう。何も持っていないと、

「人間って、オギャーと生まれたその時から、なんにも持ってないんやなあ」

と感じます。そうすると変なプライドとか意地とか、はがれ落ちていくんです。

そのまま、ふと見かけた銭湯に入ったら、本当に裸でなんにもない感じが味わえて、最高です。

銭湯のサウナに入った時は、素っ裸。ポケットに突っ込んだたばこと小銭と手帳とスマホもロッカーの中という時、僕は何も持っていません。

それでもなんとなく、お守りみたいなものがあるんです。

## 「大丈夫やから、早よう仕事に行き」

男はみんなそうだと思いますが、いい年をして僕も亡き母のことが大好きです。

あらぬ疑いをかけられた時に誤解を解こうとせず、父と母の名前を口にした話を書きましたが、やっぱり「守ってもらっているな」と感じるのは、母です。

僕が幼い頃から幼稚園の先生として働いていて、いずれは園長として自分の幼稚園を持つという母の夢が、叶うことはありませんでした。

祖父母の介護が大変だったからというのは後になってからの話で、僕を産んで少ししてから、母自身が癌に冒されていました。

発見されたのは子宮がん。

昔のことですから、コバルト光線とやらを子宮に当てる治療法だったそうですが、あまりにも痛みが激烈で、途中で中断しました。

母は呆れるほど我慢強い人だったので、よほどつらかったんだと思います。そこで外科手術となり、人生で3回、大きな手術をしています。

最後にした3回目の大手術は、中でも悲惨でした。

開腹手術を担当した医師も看護師も、あまりのむごい状態に涙が止まらなかったと言うんです。

当時のコバルト光線がきつすぎるものだったらしく、どれが胃でどれが腸かわからないくらいに内臓がぐちゃぐちゃになっている。手術後に糸で縫おうとしても、臓器も皮膚もぼろぼろだから縫うことすらできない……。

結局、開腹した部分を閉じることを断念し、お腹をパカッと開けたままでした。

母の体の上には、大きな鉄のカゴみたいなものが置いてありました。傷口が見えないようにカゴには白い布をかぶせてあります。傷口が開いたままだから寝返りを打つこともできないし、癌が転移した胃や腸を摘出しているから、食事も摂れない。

あいにく大病院は満床で、入院できたのは、縛り付けられ、死を待つ老人ばかりがいるようなボロボロの病院でした。手術をしてくださった先生はちゃんとした方なので問題はないと言えばないのですが、なんとも気が滅入ります。
僕は無理を言って、３床の部屋を母だけの個室にしてもらいました。痛くてつらかっただろうに愚痴もこぼさず、母は静かに横たわっていました。

父は僕が42歳の頃に亡くなり、母はもう一人でした。看護師さんが毎日何回も消毒をし、姉も手伝っていました。僕の拠点は東京になっており、ダウンタウンが人気絶頂で寝る時間もない頃です。

「自分のおふくろが死にかけてるのに、仕事してる場合か」
「でも仕事せんと、病院代も払われへんし、仕事場にも迷惑かけるし」
「いやいや、仕事してる場合ちゃうな」

心の中で押し問答を繰り返して、僕が編み出したのが「日帰り見舞い」。
大阪で母を見舞ったあと、朝６時過ぎの新幹線に乗れば、９時過ぎには東京駅に着いて仕事ができます。最終でまた大阪へ帰れば、夜中の12時くらいから朝の6時までは母に付き添えます。睡眠時間は往復の新幹線で6時間は取れます。

お金がかかりますから、安い飛行機を探したり、銀行から借りたお金で新幹線の切符を買ったり。仕事のついでで経費になるのは、多くても週に1回か2回。

そんなに苦労して病院に通っても、僕が何をしたということはありません。

姉は消毒をする看護師さんを手伝ったりしていましたが、僕は内臓が見えているような傷口が怖くて、「消毒します」となったら外に出てたばこを吸っていたのですから、情けないもんです。

「今まで手術するたびに持ち直して良くなってるんや。今回もお母ちゃんは大丈夫やろ」

40面を下げて、甘えたで、アホで、情けない息子。

「大﨑くんにはいいところがひとつもない」と先生に言われて母を泣かせ、何年も浪人して心配させ、祖父母の介護でノイローゼ寸前の母を手伝うこともなかった息子。

「みんなに好かれるようになるんやで」

吉本に入った時に母にひと言だけそう言われたのに、会社の中では疑われたり、嫌われたりしているしょうもない息子。

僕は母の病室に、ジュウシマツを放しました。

ぱっと飛んできてベッドの脇に留まったり、無心に餌をついばんだり、ぷっと膨らんで毛繕いしたりする小鳥を、母は「かわいらしいねえ」と喜んでくれました。

少しでも心の慰めになったのは、たいそううれしかったのですが、同時に自分の力のなさがわーっと僕に襲いかかってくるようでした。

その昔、大阪ミナミで買ってきた、シンバルを叩くおサルのおもちゃ。

今、放し飼いで自由に飛んでいる、ジュウシマツ。

俺って男は、なんて進歩がないんだろう。

「お母ちゃん、ほうれん草が食べたいなあ」

ある時、母が言ったことがあります。食事ももう摂れず、喉に穴を開けて胃瘻をしている状態なのに、お腹が空くものなんでしょうか。

それでもひと口、茹でたほうれん草の5ミリくらいの小さな切れはしを口に入れると、母はゆっくりゆっくり噛み、そっと飲み込みました。もう消化できる胃も腸も何もないのに、つぶやきました。

「おいしいわあ」

見れば、母のほっぺたには少し赤みがさしていて、僕はそれだけのことがうれしくてたまりませんでした。

毎日、東京からやってきた僕の顔を見るたび、母は言いました。

「お母ちゃん大丈夫やから、早よう仕事に行き」

母が亡くなったのは、それからまもなくでした。

## お母ちゃんは天使になったんや

僕は、嫌なことや大変なことから逃げたいと考えてきました。

でも、とてつもなく嫌で、あり得ないほど大変なことに限って、誤魔化したり、うっちゃったり、目を逸らすことができないもんなんですね。

母の死も、僕にとってはそうでした。

お母ちゃんが死んだ――うっちゃりたいけれど、葬式の手配、喪主の挨拶、やることはたくさんあって、逃げ出すことはできません。何より、「お母ちゃんがこの世にいない」という事実は、目を逸らそうと何をしようと消えないんです。

「本日はご会葬いただき、誠にありがとうございました。母益子が70歳で亡くなりました。おぎゃーと生まれた時から当然のようにそばにいてくれた母親が、いきなり今日からいなくなったんです」

喪主の挨拶としてこんなことを言った僕は、あとから高校の友だちに「大﨑、何を当たり前のこと言うてんねん」と呆れられましたが、本当にその事実に打ちのめされていました。

ずっとそばにいてくれたお母ちゃんが、もうおれへん。

世界のどこにもおれへん。

泣いてはいられなくて仕事をして、でも仕事をしていない時は涙が止まらないし、時間を巻き戻して過去に戻ることもできないし、自分が死ぬわけにもいきません。

ウツ状態のようになってしまっていた頃、ＤＪで音楽プロデューサーのテイ・トウワくんが、声をかけてくれました。

「大﨑さん、アメリカから霊感がある人が来てるんだけど、見てもらわない？」

「そんなん苦手や。俺はお化けも怖いけど、霊感ってなぁ……」

「そんなこと言わずに、試してみたらいいですよ。変な宗教とかじゃなくて、政治家の偉い人とかはみんな見てもらってるらしいよ」

「じゃあ大金がかかるんやろ?」

「ううん。1万円で見てくれるって」


半信半疑でそのアメリカ人が滞在しているホテルに行くと、待っていたのは黒人の太ったおばちゃん。霊能者というより、パンケーキかなんかを売っていそうです。

「お母さんの様子が知りたいのなら、なんでもいいからお母さんの身に着けていたものを持ってきてください」

事前にそう聞いていたので、母の幼稚園勤務時代の名刺を持参しました。

昔の女性用の名刺ですから、男性のものより小ぶりで、角がちょっと丸くなっています。ピアノを教えたり、子どもの良いところを見つけたり、働く女性としての母の夢が詰まった名刺。

写真もいっぱいあったのに、なぜその古い名刺を持っていったのかよくわからないのですが、霊感のあるおばちゃんは黒くて大きい目でしばらく名刺を見ていました。

「あなたのお母さんは天使になりました」

その時、僕が聞いたのはこれだけでした。

他にも説明があったかもしれませんが、天使になったというそのひと言が、深く腑に落ちました。

毎日止まらなかった涙が、その日からぴたっと止まったんです。

## 我慢強いのはお母ちゃんのおかげ

あの黒人のおばちゃんが本当にすごい霊能者なのか、母が本当に天使になったのか、僕にはわかりません。

料金をとっているぶん慰めになる言葉を用意しているだろうし、キリスト教の国のアメリカでは「天使になった」というのが常套句という気もします。
でも、僕にとってあの言葉は、救いでした。

今でも、たばこと財布とスマホと一緒に常に持っている手帳に、あの時の母の名刺が挟んであります。かれこれ25年は持ち歩いていることになります。
「お母ちゃんは今も一緒や」と思っているということで、我ながらマザコンぶりが恥ずかしくもありますが、これは形見でなくゲン担ぎでもなく、言ってみれば僕にとっての「お守り」なんです。
社長になった時の大騒動の最中、中田カウスさんに言われたことがあります。

「大﨑さんはほんまに我慢強いな。我慢強さだけは大したもんや」

考えてみれば、母の人生はいろんなことを我慢していたのかなあ。

わりと豊かな家に生まれて、「べっぴんさん」と言われながら不自由なく女学校に行っていた母でした。

姉はしっかり者でしたが、僕は何事もやる気がないアホな子。母は最初の子どもを生まれてすぐ亡くしていますし、僕の出産直後に癌が見つかります。

病気で幼稚園を開く夢は絶たれ、そこに認知症を患った舅姑の介護。やっと二人を送ったら、癌の再発。

癌は何度も何度も転移し、再発していますから、母はずっと「もういつ死ぬか」という痛みと恐怖の中で人生を送ったことになります。


これほどマザコンなのに、僕は薄情でした。60近くなり、おしっこすらなかなか出なくなった母が夜中にトイレにずっと座ってお腹をさすり続け、「やっとチョロッと出た」と喜んでいた時、「あっ、そう」とろくに聞かなかった。

もっと真剣になって「そうなん！　おしっこ出て良かったやん！」と喜んであげたら良かったのに、自分が不安から目をそむけたいから受け流していました。

「また、手術せなあかん」と母から連絡が来ても、「手術したら治るやん！　そんなに気にせんと、治るよ！」と言っておしまい。

仕事にかまけて旅行どころか食事に連れていくこともなく、ひどい息子で申し訳なかったと思います。

それでも母は、まったく僕を責めませんでした。本当に我慢強く、一人で堪えて、僕にはこう言い続けました。

「お母ちゃん大丈夫やから、早よう仕事に行き」

## 居場所は心の中にある

カウスさんの他にも、「大﨑さんは我慢強い」と言ってくださる方はいて、「ありがたいけど、ほんまやろうか？」とも思います。

なぜって気が短いし、つい「わーっ」とキツいことも言ってしまいます。飛ばされたり、窓際だったりした時に「まあええか」と思っていたのは、我慢強いというよりも、ぼーっとしたアホだったからと考えてきました。

でも、天使になった母がついていてくれるから、我慢できているのかもしれません。天使というのが霊能者のおばちゃんの言葉なら、その母親の血ということかもしれません。

自分を守ってくれるお守りのような存在が心にいること。

それこそ、形がない、自分の居場所だと思います。

あれやこれやで大変で、胸に手を当てた時に、思い出せる人がいる。

それは生きていく時の、つよい、つよい、味方だと思います。

それは一人でもいい。

肉親でもいいし、すれ違った他人でもいい。

生きていても、死んでいてもいい。
そんな人に出会えたら、それが自分の居場所になります。
みんなが笑いながら、大切な人に出会える世の中になりますように。

# エピローグ

まだ若かった頃。

「たばこ、ちょうだい」

松本くんにそう言うと、セブンスターの箱をすっと差し出してくれます。

1本出して、くわえて、「ありがとな」と箱を返すと、あのめちゃめちゃつよい目力で、じーっと僕を見つめてきます。

「大崎さん、たばこは、ここをちゃんと折り畳まんと」

たばこのパッケージは上に銀紙があって、破って取り出すようになっています。大雑把な僕は、ペリッと破って穴を開けたまま。まあ、大抵のスモーカーはそうですよね。

でも、松本くんが新しい箱を開ける時は、違います。きれいに銀紙を剝がし、折り目通りにまた畳みます。その後、たばこを出す時はそろっと開き、出したあとはそろっと閉じる。きれいに畳まれた銀紙は、未開封にさえ見えるんです。うそやん、というくらい繊細でストイック。松本くんにはなんでもよく見えるから、会議中のスタッフの様子も全部観察していたりします。

「今日のあいつのあれは、ちょっとないいんじゃやないですかね?」

穏やかに言うから、余計に響くし、ぎくっとします。ファンの皆さんはご存じの通り、なかなかに手強(てごわ)いやつなんです。

## 襖に書いた「雨ニモマケズ」

遠い昔、まだダウンタウンの二人に名前がなかった頃、松本くんと僕とで、「コンビ名を考えよう!」と、僕の実家に籠ったことがありました。こんなに重要な話をするのに、浜田くんはどうしたのやら。別の友だちと遊びに行っていたのか、わざと来なかったのか、「いかにも浜田らしい不在」だったのだと思います。

「ダウンタウンって、どうですかね?」

松本くんが言いました。

「そやなー、繁華街、下町って意味はええんやけど、ダウンタウン・ブギウギ・バンドがあるから、真似してるみたいなのもなんだしな」

「まあ、そうかもしれませんね」


姉はもう結婚して家を出ており、祖父母は他界し、増築した実家は空き部屋ばかり。

僕の部屋は勉強机も高校時代のまま残されていました。

僕らはひねた学生みたいに、母が運んできた煎餅を齧(かじ)り、何杯もコーヒーを飲み、何本もたばこを吸いました。

「大崎さん、しかしなんですか、あれ」

松本くんが指差すのは、襖(ふすま)いっぱいに書かれた墨文字です。

雨ニモマケズ

風ニモマケズ
雪ニモ夏ノ暑サニモマケヌ
丈夫ナカラダヲモチ
慾ハナク
決シテ瞋（いか）ラズ
イツモシヅカニワラッテヰル

かの有名な、宮沢賢治の「雨ニモマケズ」は、高校3年生の時、僕が墨汁で大書きしたものでした。書道なんて小学生でやったくらいで心得も何もないので、下手くそな飛び跳ねた字です。

「襖にこんな落書き、ちょっとかっこええなぐらいのもんや。言うても俺、あれを書いた時は高校生やん。高校生なんて、そんなもんやん」

松本くんにそう言うと、「そうですねえ」と素っ気ない返事。

夜が更けていくのにコンビ名の名案は出てこなくて、僕らはまたたばこを吸い、母が差し入れてくれたインスタントラーメンを食べながら、あれやこれやと話をしました。

## 松本との約束の「その後」

あの時、松本くんには説明しなかったけれど、高校生の僕は「雨ニモマケズ」の内容が、かっこいいと思っていたんです。

「雨にも風にも負けずに、困った人がいてたら大丈夫だよ、って言うっていうのは、かっこええな」と。

この本に書いてきた長い年月、僕は、困っている人がいたら「大丈夫だよ」と言ってあげたかったけれど、うまく言えずにいました。

松本くんももしかしたら、似たところがあるんじゃないかとにらんでいます。

そういう部分は見せないと決めているようですが、松本くんは後輩思いで仲間思い、家族思いでもあります。当然ながら相方思いでもあり、以前、ニューヨークにいる僕にえんえんと電話をしてきたことがあったと書きましたが、それも浜田くんを心配してのことでした。

「急に売れてきたからといって、みんながちやほやしたら、浜田がダメになってしまう。浜田をダメにするような企画は、どんなに売れても受けたくない」

細かい説明はしないから、これはわがままにも取られるし、「ちやほやしている」と非難された制作側には、誤解されやすい発言です。

浜田くんには説明したとしても、「いや、そんなん俺、わかってるから大丈夫や！大﨑さん、いらんこと心配せんでええで」と言うだけでしょう。

こっそりやさしさを抱えて、うまく相手に伝えられない。松本くんは〝天才〟と言われる男だけれど、どこか〝下手くそ〟なんだと思います。

お笑いのことを考えるためには、誰とも会わずに部屋に閉じこもって自分一人で考え抜く。資料や本も見ないで、ひたすらじーっと考える。ストイックというか、やっぱりどこか、下手くそです。

下手くそな人間は、あんまり理解されません。みんなにはデクノボーと呼ばれてバカにされたり、誤解されたりすることもあるでしょう。

だけど僕は、「それもええやん」と思うんです。

ヒデリノトキハナミダヲナガシ
サムサノナツハオロオロアルキ
ミンナニデクノボートヨバレ
ホメラレモセズ
クニモサレズ

宮沢賢治が言うように、周りに理解されなくても、むしろ「アホ！」と思われても、やさしい気持ちを抱えていればいい。言葉や態度で示さなくても、気持ちのあるなしって、なんとなく伝わるんじゃないかと思っています。

お笑いという、表現の世界で生きてきた僕が言うのもおかしな話ですが、表現しなくても、人と人は、わかり合えるところがある――だから松本くんは、長いことちょろりとも口に出さなかったあの「プールの約束」を覚えていて、

「使ってもええか?」


と僕が切り出した時に、すぐ「ここですか……」と聞いてくれたんだと思います。

「もし、俺が潜水のまま最後まで泳げたらな、おまえがこれから将来ずっとめちゃくちゃ売れても、俺の言うこと、絶対にひとつだけ聞いてくれるか?」という、あの約束を。

ひとつだけ聞いてもらったことがなんだったかは、僕と松本くんだけが知っていたらいいと思っています。もったいつけるわけではなく、大人はみんなそういう内緒ごとを持っているんだと思います。ただ、デクノボーのように黙って抱えていると、不

思議ですよね。内緒ごとが歳月に育てられ、宝にもお守りにも、絆にもなるみたいです。

## そういうものに、私はなりたい

僕の実家でコンビ名を考えていたあの夜、あれこれ言い合っても名案は浮かばず、たばこでイガイガする口をコーヒーで誤魔化しながら、朝を迎えました。

「やっぱりダウンタウンでええんとちゃいます?」

松本くんが言い、「そやなあ、そうしよか」と僕が言い、結局振り出しに戻って、決定したコンビ名が、ダウンタウン。

「雨ニモマケズ」の詩がある部屋で、賢治の才能のご利益はあったのかなかったのか。
でも、ダウンタウンで良かったんだと思います。

サウイフモノニ
ワタシハナリタイ

みんな、「そういうものに、私はなりたい」という気持ちを抱えて、下手くそに生きているんじゃないでしょうか。だけど、「そういうもの」が「どういうもの」でも、下手くそでも、ぼちぼちつきあっていくと、それが自分らしさになる。居場所って、きっと、自分らしさでもあると考えているんです。

つらつらと書いてきましたが、そろそろ締めくくろうと思います。
自分の居場所を、自分という人を、どうかくれぐれも大切に。
そういう人に、僕はなりたい。

大﨑 洋

装丁・本文デザイン　轡田昭彦＋坪井朋子
構成　青木由美子
校閲　鷗来堂
企画協力　高橋朋宏（ブックオリティ）
編集　黒川精一（サンマーク出版）

## 大﨑洋のプロフィールのようなもの

大阪府堺市の庶民の家に生まれる。二浪してなんとか潜り込んだ大学でサーフィンにはまり、「将来は海の近くで銭湯でもやるか」と考えていたが、なぜか吉本興業に入社。理由は「私服で通えて、休みも多そうだったから」。1980年に大阪本社から東京事務所に異動すると「漫才ブーム」がやってきて、2~3時間睡眠でフラフラの毎日。それでも、これから東京の芸能界で名をあげたろ！っていう矢先に、「大阪に戻ってこい」と言われてNSCの掃除係に…。窓際人生のスタート。

そこで漫才の稽古をしていたダウンタウンを見て「なんやこいつら…」と衝撃を受け、頼まれてもいないのにマネージャーを買って出る。才能はぶっちぎり、でも光の当たらないダウンタウンのために『4時ですよ~だ』（毎日放送）を自らプロデューサーになって仕掛けると、これが大ヒット！さあ、浜田、松本と東京進出！というタイミングで「お前だけ大阪に残れ」と再び左遷人事。「人生、思うようにいかんもんやなあ」と落ち込みながらも、「まあ、しゃーない」と切り替えて、若手芸人たちの場づくりに奔走。

その後、なんとか東京に行って、再びダウンタウンの大躍進を牽引。松本人志の『遺書』、浜田雅功の『WOW WAR TONIGHT』が空前の大ヒットとなる中、社内外の誰が味方で誰が敵かもわからない壮絶な日々を送る。2009年には社長に就任。60年間上場していた吉本興業を非上場にしたり、芸人の不祥事に対応したり、2019年に会長になった直後に「闇営業問題」が起きて世間からたくさんお叱りを受けたり。子供の頃から、

「大﨑は、わけわからんやつや。何考えてるかわからへん」

と言われ続けて今に至るので、何を考えているのか少しだけお伝えしようと思って本を書いてみました。好きなものは、銭湯と豆腐とアジアのちょっとあやしげな街の雑踏。知り合いは多いですが、友だちは少ないです。お酒は飲めません。タバコはやめられません。苦手なものは「お化け」です。

# 居場所。

**ひとりぼっちの自分を好きになる12の「しないこと」**

---

2023年３月19日　初 版 発 行
2023年９月10日　第８刷発行

著　　者　大﨑 洋
発 行 人　黒川精一
発 行 所　株式会社サンマーク出版
〒169-0074 東京都新宿区北新宿2-21-1
☎03-5348-7800（代表）

印　　刷　共同印刷株式会社
製　　本　株式会社若林製本工場



ISBN978-4-7631-3998-6 C0030
ホームページ　https://www.sunmark.co.jp